CONTENTS

Introdução	4
Capítulo 1: Inteligência Artificial na Contabilidade	5
Capítulo 2: Benefícios da Contabilidade Consultiva com IA	8
Capítulo 3: Desafios e Oportunidades e ferramentas	11
Capítulo 4: As Ferramentas Que Mudarão O Mundo Contabil e da auditoria interna	32
Capítulo 5: Boas Práticas de Segurança para Contabilidade com IA	56
Capítulo 6: Ameaças à segurança da Inteligência Artificial (IA) na contabilidade	61
Capítulo 7: leis que regulamentam a Ia inteligência artificial no Brasil – leis de crimes cibernétic	76
Capítulo 8: Cibersegurança para empresas e para usuários comuns	86
Capítulo 9: Trilha de estudos e de conhecimento aqui você vai encontrar informações valiosas para se	88
Conclusão	91
Referências	92

Ivanete Vieira Serpa

SEGURANÇA E OS CRIMES CIBERNÉTICOS – O QUE VOCÊ PRECISA SABER

Contabilidade Consultiva Com a IA Inteligência Artificial

Segurança e os crimes cibernéticos — o que você precisa saber

Contabilidade Consultiva com a IA Inteligência Artificial

"Eu me abro para receber bençãos que jamais imaginei(Bruno Marx Neme)"

Prefácio

A revolução tecnológica que estamos vivenciando tem transformado diversos setores, sendo a contabilidade um deles. A inteligência artificial (IA) emerge como uma ferramenta poderosa, capaz de automatizar processos, aumentar a precisão e eficiência, e fornecer insights estratégicos antes inimagináveis. Este documento oferece uma análise abrangente sobre como a IA está remodelando a contabilidade consultiva, apresentando uma visão detalhada das oportunidades e desafios que essa tecnologia traz.

Ao longo dos capítulos, discutimos desde a automação de tarefas repetitivas até a análise preditiva e a detecção de fraudes, demonstrando como a IA pode se tornar uma aliada indispensável para os profissionais da contabilidade. Também abordamos questões éticas e de conformidade, essenciais para garantir um uso responsável e benéfico da IA. Além disso, destacamos a importância da segurança na utilização da IA tratando dos riscos de crimes cibernéticos que serão explorados no decorrer deste e-book.

Esperamos que este livro seja uma fonte valiosa de conhecimento e inspiração, ajudando a disseminar informações de alto valor, esclarecendo passo a passo a importância e os riscos da integração da IA na contabilidade, bem como as medidas de prevenção necessárias. Que ele sirva como um guia para profissionais e empresas que buscam se adaptar e prosperar em um mundo cada vez mais digital e interconectado. Convidamos você a embarcar nesta jornada pelo mundo digital.

Uma Boa leitura e com certeza muito aprendizado

Ivanete Vieira Serpa

Contadora Consultiva

"Pelo poder do nome sagrado que ressoa no trono dos cause abro as portas da riqueza eterna que os tesouros da terra se manifestem diante de mim, tal como o ouro e a prata fluem no templo de Israel. Assim seja assim é"

INTRODUÇÃO

Contabilidade Consultiva com IA: A inteligência artificial (IA) está revolucionando a contabilidade ao processar grandes volumes de dados, identificar padrões complexos e tomar decisões baseadas em algoritmos sofisticados. Na contabilidade consultiva, a IA ajuda na análise preditiva, otimização e fornecimento de insights estratégicos, permitindo que os profissionais contábeis se concentrem mais na estratégia e na consultoria especializada.

A IA está transformando todos os setores, no financeiro, incluindo a contabilidade e a auditoria interna. **Com grandes poderes vêm grandes responsabilidades.** Este trabalho destaca a importância de uma contabilidade atualizada com IA para garantir agilidade, evitar retrabalhos e assegurar segurança, sempre em conformidade com regulamentações como a LGPD.

Discutiremos **ferramentas de IA** que automatizam a entrada de dados, processamento de faturas, preparação de extratos financeiros, detecção de fraudes e análise preditiva. Com essas ferramentas, empresas podem reduzir erros manuais, aumentar a eficiência e antecipar problemas.

Além disso, abordaremos os cuidados com segurança e prevenção, visando evitar crimes cibernéticos, demonstrando as ferramentas importantes para cada tema discutido.

A contabilidade consultiva é proativa, auxiliando clientes a tomar decisões informadas com base em dados e análises. Espera-se que este livro contribua para disseminar conhecimento sobre temas relevantes e interessantes.

CAPÍTULO 1: INTELIGÊNCIA ARTIFICIAL NA CONTABILIDADE

1.1 Quais Tipos de Inteligência Artificial podemos usar

IA Focada (IA Fraca): A IA Focada consiste em algoritmos especializados em resolver problemas em uma área ou problema específico. Esses sistemas armazenam uma grande quantidade de dados e os algoritmos são capazes de realizar tarefas complexas, porém sempre focadas no objetivo para o qual foram desenvolvidos. ("SciELO - Brasil - Inteligência Artificial e Aprendizado de Máquina ...") **Exemplos de IA Focada:** incluem Sistemas Especialistas e Sistemas de Recomendação. Esses sistemas são amplamente utilizados em diversas aplicações, como diagnósticos médicos, recomendações de produtos em e-commerce e suporte ao cliente.

IA Generalizada (IA Forte): A IA Generalizada refere-se a algoritmos que se tornam tão capazes quanto humanos em várias tarefas. Em geral, esses algoritmos usam técnicas de Aprendizado de Máquina como ferramenta. Em algumas tarefas, como Visão Computacional, os algoritmos têm desempenho semelhante ao dos humanos. O nível atual da IA é de IA Generalizada, e ela é aplicada em áreas como reconhecimento de voz, tradução automática e análise de dados complexos.

IA Superinteligente: A IA Superinteligente refere-se a algoritmos que são significativamente mais capazes que humanos em praticamente todas as tarefas. Atualmente, não existem sistemas com IA Superinteligente, e não se sabe se existirão sistemas mais inteligentes que os humanos desenvolvidos com técnicas de IA. A pesquisa nessa área continua, com o objetivo de entender melhor as possibilidades e os desafios associados ao desenvolvimento de uma IA tão avançada.

2.2 Atualmente, algumas das principais ferramentas de inteligência artificial que estão sendo amplamente utilizadas incluem:

1. **Microsoft Copilot**: Integrado ao ecossistema de produtividade da Microsoft, o Copilot utiliza uma versão personalizada do modelo GPT-4 da OpenAI. Ele é projetado para aumentar a eficiência do usuário, oferecendo assistências contextuais em aplicativos como Teams, Word, Excel, PowerPoint e Outlook

Se você está interessado em explorar mais sobre o **Microsoft Copilot e copiloto pro** pode acessar a plataforma aqui.

Abrir um link da Web https://www.microsoft.com/en-us/microsoft-365/copilot

2. **Google Gemini-** O Google Gemini é uma ferramenta de inteligência artificial desenvolvida pelo Google, anteriormente conhecida como Bard. O Gemini é projetado para potencializar a criatividade e a produtividade dos usuários, oferecendo suporte em diversas tarefas, como escrita, planejamento, aprendizado e muito mais O Gemini é um modelo multimodal, o que significa que ele pode entender e operar com diferentes tipos de informações, incluindo texto, imagens, áudio, vídeo e código. Isso o torna uma ferramenta poderosa para desenvolvedores e empresas que buscam inovar e melhorar seus processos com a ajuda da IA.

Se você está interessado em explorar mais sobre o Google Gemini, pode acessar a plataforma aqui.
Abrir um link da Web https://gemini.google.com

3. **ChatGPT - ChatGPT** é um modelo de linguagem generativa pré-treinado criado pela OpenAI. Ele é amplamente utilizado para interações conversacionais e criação de conteúdo, como responder perguntas, compor poesias e descrever códigos de programação. O ChatGPT é conhecido por sua capacidade de fornecer respostas amplas e inovadoras.

Você pode acessar o ChatGPT através do site oficial da OpenAI aqui.

Abrir um link da Web https://chat.openai.com

3.1 Além do Microsoft Copilot, Google Gemini e ChatGPT, existem outras ferramentas de inteligência artificial que também são amplamente utilizadas. **Algumas delas em destaque:**

1. **Claude**: Desenvolvido pela Anthropic, Claude é um assistente de IA projetado para ser seguro e útil. Ele é utilizado para uma variedade

de tarefas, incluindo escrita, programação e suporte ao cliente.

2. **Bard**: Desenvolvido pelo Google, Bard é uma ferramenta de IA que oferece suporte em tarefas criativas e de produtividade, semelhante ao Gemini.

3. **DALL-E**: Criado pela OpenAI, DALL-E é um modelo de IA que gera imagens a partir de descrições textuais. ("Geradores de imagens com IA: conheça os melhores | Mirago") Ele é amplamente utilizado para criar arte digital e visualizações.

4. **MidJourney**: Uma ferramenta de IA que gera imagens artísticas a partir de descrições textuais, semelhante ao DALL-E, mas com um foco maior em arte e design.

Essas ferramentas, junto com Microsoft Copilot, Google Gemini e ChatGPT, estão revolucionando a maneira como trabalhamos e interagimos com a tecnologia, trazendo eficiência e inovação para diversas áreas.

4.1 Com a Ia

Tendências Emergentes

- A IA está remodelando o setor contábil, automatizando tarefas rotineiras e melhorando a eficiência.
- Tecnologias como aprendizado de máquina e deep learning estão sendo aplicadas para análise de dados contábeis.

Machine Learning

- Exploraremos como algoritmos de Machine Learning podem prever tendências financeiras e otimizar processos contábeis.
- Chatbots baseados em IA estão sendo usados para interações com clientes e suporte online.

Deep Learning

- Aborda redes neurais profundas e seu papel na análise de grandes volumes de dados contábeis.
- deep learning pode identificar padrões complexos e fornecer visões valiosos para tomada de decisões.

CAPÍTULO 2: BENEFÍCIOS DA CONTABILIDADE CONSULTIVA COM IA

2.1 Precisão e Eficiência

A inteligência artificial (IA) tem um impacto significativo na precisão e eficiência dos processos contábeis. Aqui estão alguns pontos importantes:

a) A IA pode automatizar cálculos precisos, reduzindo erros humanos.
— **Automatização de cálculos precisos:** A IA pode automatizar cálculos complexos e precisos, reduzindo significativamente os erros humanos. Isso é especialmente útil em tarefas que exigem alta precisão, como a elaboração de relatórios financeiros e a análise de dados contábeis.

b) Processos contábeis repetitivos, como reconciliação de contas, podem ser acelerados.
— **Aceleração de processos repetitivos: processos** contábeis repetitivos, como a reconciliação de contas, podem ser acelerados com o uso da IA. Isso não só economiza tempo, mas também permite que os profissionais contábeis se concentrem em tarefas mais estratégicas e de maior valor agregado.

Esses benefícios tornam a IA uma ferramenta poderosa para melhorar a eficiência e a precisão na contabilidade, permitindo que as empresas operem de maneira mais eficaz e com menos erros.

2.2 Consultoria com a ia em análises financeiros

A inteligência artificial (IA) está revolucionando o campo das análises financeiras, trazendo eficiência e precisão para processos complexos. Aqui estão algumas maneiras pelas quais a IA pode ser aplicada em análises financeiras:

1. **Automatização de Tarefas**: A IA pode automatizar tarefas repetitivas e demoradas, permitindo que instituições financeiras processem grandes quantidades de dados de forma mais rápida e precisa. ("O que é inteligência artificial em finanças | IBM")
2. **Análise de Dados**: Algoritmos de aprendizado de máquina podem analisar tendências de mercado e dados históricos para tomar decisões e executar negociações mais rapidamente do que os humanos.
3. **Gerenciamento de Riscos**: A IA pode melhorar o gerenciamento de riscos, incluindo segurança, detecção de fraudes e conformidade com regulamentações.
4. **Previsão e Modelagem**: Ferramentas de IA podem prever comportamentos de mercado e identificar padrões, ajudando na tomada de decisões estratégicas.
5. **Interação com Clientes**: A IA pode prever o comportamento dos clientes e entender suas preferências, proporcionando interações mais personalizadas e atendimento ao cliente mais eficiente.

Se você está considerando implementar IA em suas análises financeiras, essas são algumas áreas onde ela pode fazer uma diferença significativa

2.3 Tipos de ferramentas que possa ser segura e eficiente para área financeira

Para análises financeiras seguras e eficientes, existem várias ferramentas que podem te ajudar a gerenciar e analisar dados de forma eficaz. Aqui estão algumas opções recomendadas:

1. **QuickBooks**: Uma das ferramentas mais populares para contabilidade e gestão financeira. Oferece recursos robustos para pequenas e médias empresas, incluindo relatórios financeiros detalhados e integração com outras plataformas.
2. **Xero**: Outra excelente opção para contabilidade online, conhecida por sua interface amigável e funcionalidades avançadas de relatórios e análise financeira.
3. **Tableau**: Ideal para visualização de dados, o Tableau permite criar dashboards interativos que ajudam a entender melhor os dados financeiros e tomar decisões informadas.
4. **IBM Watson**: Utiliza inteligência artificial para fornecer insights financeiros avançados, incluindo análise preditiva e detecção de fraudes.
5. **Microsoft Power BI**: Uma ferramenta poderosa para análise de dados e criação de relatórios financeiros detalhados. Integra-se bem com outras ferramentas da Microsoft e oferece uma ampla gama de

funcionalidades para análise financeira.

Essas ferramentas são conhecidas por sua segurança e eficiência, ajudando a otimizar processos financeiros e melhorar a tomada de decisões.

2.4 Prevenção de Crises Financeiras

A prevenção de crises financeiras é uma área onde a inteligência artificial (IA) pode oferecer benefícios significativos. Aqui estão alguns pontos importantes:

1. A IA pode detectar anomalias e alertar sobre possíveis problemas financeiros antes que se tornem crises.

Detecção de Anomalias e Alerta: A IA pode detectar anomalias em dados financeiros e alertar sobre possíveis problemas antes que se tornem crises. Por exemplo, algoritmos de IA podem analisar padrões de transações e identificar comportamentos incomuns que podem indicar problemas financeiros iminentes.

2. Monitoramento contínuo de transações e dados financeiros para evitar fraudes.

Detecção de Anomalias e Alerta: A IA pode detectar anomalias em dados financeiros e alertar sobre possíveis problemas antes que se tornem crises. Por exemplo, algoritmos de IA podem analisar padrões de transações e identificar comportamentos incomuns que podem indicar problemas financeiros iminentes.

CAPÍTULO 3: DESAFIOS E OPORTUNIDADES E FERRAMENTAS

3.1 Desafios

1. A IA ainda enfrenta desafios em relação à interpretação de contextos complexos e ambiguidades.

   — Interpretação de Contextos Complexos e Ambiguidades: A IA ainda enfrenta dificuldades significativas quando se trata de interpretar contextos complexos e ambiguidades. Isso ocorre porque os algoritmos de IA, embora avançados, ainda não possuem a capacidade de entender nuances e contextos da mesma forma que os humanos. Por exemplo, a interpretação de linguagem natural pode ser desafiadora quando há múltiplos significados para uma palavra ou frase, ou quando o contexto depende de conhecimento prévio ou cultura.

   Exemplo: É a interpretação de linguagem natural. Considere a frase "Eu vi o homem com o telescópio". Esta frase pode ser interpretada de duas maneiras: ou você viu um homem que estava usando um telescópio, ou você viu um homem por um telescópio. A IA ainda enfrenta dificuldades para resolver essas ambiguidades contextuais sem informações adicionais.

2. Garantir que os algoritmos sejam justos e imparciais é uma preocupação constante.

   - Justiça e Imparcialidade dos Algoritmos: É essencial garantir isso nos algoritmos. Eles devem ser desenvolvidos e treinados sem preconceitos para assegurar decisões justas. A seleção cuidadosa de dados de treinamento e avaliação contínua são necessárias para corrigir possíveis vieses.

   Dados de treinamento diversos e representativos são fundamentais para evitar discriminação.

Exemplo: Sistemas automatizados de recrutamento podem mostrar preocupações com a imparcialidade. Se uma IA for treinada com dados históricos preconceituosos, pode perpetuar esses viéses nas decisões de contratação.

3.2 Oportunidades

a) **Novos serviços, como análise preditiva e a consultoria baseada em dados estão surgindo**

Está realmente ganhando destaque em diversos setores, incluindo a contabilidade. Com o avanço da inteligência artificial (IA) e das tecnologias de análise de dados, as empresas estão cada vez mais recorrendo a consultorias especializadas para obter visões estratégicos e tomar decisões informadas.

Da sua documentação: A contabilidade consultiva com IA é um exemplo claro de como a consultoria baseada em dados está sendo aplicada. A IA permite a análise preditiva, a identificação de oportunidades de otimização e o fornecimento de visões estratégicos para os clientes. Além disso, a IA pode automatizar tarefas repetitivas, como a classificação de transações e reconciliações, permitindo que os profissionais contábeis se concentrem mais na estratégia e na consultoria especializada.

Exemplos de Aplicação:

a. Análise Preditiva: A IA pode criar modelos de previsão sofisticados com base em dados históricos, ajudando a prever tendências de mercado, taxas de juros ou flutuações cambiais.

b. Detecção de Anomalias: A IA pode identificar transações suspeitas ou erros, ajudando a prevenir fraudes e crises financeiras.

c. Personalização: A IA pode prever o comportamento do cliente com base em dados de navegação, compras anteriores e preferências, permitindo a personalização de recomendações de produtos e marketing direcionado

b) **exemplos de como a IA pode ser utilizada** para prever o comportamento do cliente e personalizar recomendações de produtos e marketing direcionado:

1. **Recomendações de Produtos:** Plataformas de e-commerce, como a Amazon, utilizam IA para analisar o histórico de navegação e compras dos clientes. Com base nesses dados, a IA pode sugerir produtos que o cliente provavelmente se interessará, aumentando

as chances de compra.
2. **Marketing Direcionado**: Empresas como Netflix e Spotify usam IA para analisar as preferências dos usuários e criar campanhas de marketing personalizadas. Por exemplo, a Netflix recomenda séries e filmes com base no histórico de visualização do usuário, enquanto o Spotify cria playlists personalizadas com base nos hábitos de escuta.
3. **Ofertas Personalizadas**: Supermercados e lojas de varejo podem usar IA para enviar cupons e ofertas personalizadas aos clientes. Por exemplo, se um cliente costuma comprar produtos orgânicos, a IA pode enviar ofertas especiais para esses produtos, incentivando a fidelidade do cliente.
4. **Experiência do Usuário**: Sites de viagens, como a Expedia, utilizam IA para personalizar a experiência do usuário. Com base nas pesquisas e reservas anteriores, a IA pode sugerir destinos, hotéis e atividades que correspondam às preferências do cliente.

Esses exemplos mostram como a IA pode ser uma ferramenta poderosa para personalizar a experiência do cliente e aumentar a eficácia das estratégias de marketing

3.3 — A IA pode auxiliar na análise preditiva

A inteligência artificial (IA) desempenha um papel crucial na análise preditiva, permitindo que as organizações tomem decisões informadas com base em dados e tendências futuras. Aqui estão algumas maneiras pelas quais a IA pode ajudar nesse contexto:

1 **Modelos de Previsão**:
- A IA pode criar modelos de previsão sofisticados com base em dados históricos. Por exemplo, em finanças, ela pode prever tendências de mercado, taxas de juros ou flutuações cambiais.
- Algoritmos como regressão linear, árvores de decisão, redes neurais e séries temporais são usados para prever valores futuros com base em padrões passados.

2 **Análise de Big Data:**

- A IA consegue processar grandes volumes de dados rapidamente. Ela pode identificar correlações, padrões ocultos e anomalias em conjuntos de dados complexos.
- Isso é especialmente útil para empresas que lidam com dados de clientes, vendas, estoque, entre outros.

3 Manutenção Preditiva:

- A IA pode prever falhas em máquinas e equipamentos com base em dados de manutenção, sensores e histórico de uso.
- Isso ajuda a evitar paradas não programadas e a otimizar a manutenção preventiva.

4. Personalização:

- A IA pode prever o comportamento do cliente com base em dados de navegação, compras anteriores e preferências.
- Isso permite a personalização de recomendações de produtos, marketing direcionado e experiências mais relevantes.

Saúde e Medicina:

A IA pode prever doenças com base em dados médicos, histórico familiar e fatores de risco.

Isso ajuda os médicos a tomar decisões mais precisas e a implementar tratamentos preventivos.

Para a área de saúde e medicina, existem várias ferramentas contábeis e financeiras que podem ajudar a gerenciar as finanças de clínicas e consultórios, além de prever doenças com base em dados médicos. Aqui estão algumas sugestões:

1. **HiDoctor – Módulo Financeiro**: Esta ferramenta auxilia na contabilidade geral, organizando o fluxo de caixa, projeções financeiras e alertas sobre pagamentos pendentes. Também gera estatísticas relevantes sobre os ganhos do consultório, ajudando a planejar o futuro com mais eficiência.
2. **Medicina e Solutions**: Especializado na gestão financeira de profissionais da saúde, este programa permite o controle de faturamento, organização de pagamentos e evita gastos excessivos, ajudando a manter a clínica financeiramente saudável.
3. **Conta Azul**: Um sistema ERP simplificado para gestão financeira de clínicas de saúde. ("Sistema de Gestão para Clínicas de Saúde | Conta Azul") Ele integra setores como recepção, financeiro, controle de

estoque e agendamento de consultas em um único lugar. Também oferece relatórios detalhados sobre a saúde financeira da clínica e facilita a conciliação bancária.

4. **Planilha de Fluxo de Caixa – Essência Gestão Contábil:** Uma ferramenta prática para o controle das finanças de clínicas médicas. Permite cadastrar receitas e despesas, realizar previsões para investimentos futuros e ter uma visão completa do resumo financeiro anual.

Essas ferramentas podem ajudar a manter a saúde financeira da sua clínica ou consultório, permitindo que você se concentre mais no atendimento aos pacientes e na implementação de tratamentos preventivos com base em dados médicos.

Existem outras ferramentas específicas para a gestão financeira de consultórios médicos. Aqui estão algumas opções que podem ser úteis:

1. **HiDoctor – Módulo Financeiro:** Esta ferramenta auxilia na contabilidade geral, organizando o fluxo de caixa, projeções financeiras e alertas sobre pagamentos pendentes. Também gera estatísticas relevantes sobre os ganhos do consultório, ajudando a planejar o futuro com mais eficiência.
2. **Medicina e Solutions:** Especializado na gestão financeira de profissionais da saúde, este programa permite o controle de faturamento, organização de pagamentos e evita gastos excessivos, ajudando a manter a clínica financeiramente saudável.
3. **Conta Azul:** Um sistema ERP simplificado para gestão financeira de clínicas de saúde. ("Sistema de Gestão para Clínicas de Saúde | Conta Azul") Ele integra setores como recepção, financeiro, controle de estoque e agendamento de consultas em um único lugar. Também oferece relatórios detalhados sobre a saúde financeira da clínica e facilita a conciliação bancária.
4. **Consultório Live:** Esta ferramenta oferece um guia prático para o controle financeiro de consultórios médicos, ajudando a gerenciar despesas, receitas e investimentos de forma eficiente.
5. **Roca Contábil:** Especializada em contabilidade para médicos, a Roca Contábil oferece serviços que otimizam a gestão financeira, evitam problemas tributários e potencializam o crescimento do consultório.
6. **GestãoDS:** Uma das soluções mais completas para a gestão financeira de clínicas e consultórios. Oferece ferramentas avançadas para otimizar o controle financeiro, garantindo que todas as operações sejam executadas de maneira eficiente e organizada.

Essas ferramentas são projetadas para facilitar a gestão financeira de consultórios médicos, ajudando a manter as finanças organizadas e a garantir a sustentabilidade do negócio.

Em resumo, a IA na análise preditiva é uma ferramenta poderosa para antecipar eventos futuros, otimizar processos e melhorar a tomada de decisões em várias áreas.

3.5 A contabilidade consultiva pode se beneficiar da IA para oferecer visões estratégicas aos clientes.

Numa contabilidade consultiva, você desempenha um papel fundamental na análise e melhoria dos processos contábeis de uma empresa. Criar um diagnóstico comparativo entre a contabilidade atual e a contabilidade com o uso da inteligência artificial (IA) é uma tarefa valiosa.

Criar um diagnóstico comparativo entre a contabilidade atual e a contabilidade com o uso da inteligência artificial (IA) pode fornecer insights valiosos sobre as melhorias e eficiências que a IA pode trazer. Aqui está um exemplo de como você pode estruturar esse diagnóstico:

3.5.1 Diagnóstico Comparativo: Contabilidade Atual x. Contabilidade com IA

1.Objetivo: Avaliar as diferenças entre a contabilidade tradicional e a contabilidade com o uso da IA.

Metodologia: Análise de processos, eficiência, precisão e impacto financeiro.

2. Contabilidade Atual

Processos Manuais: Muitos processos contábeis são realizados manualmente, o que pode levar a erros humanos e ineficiências.

Tempo de Processamento: A coleta e análise de dados financeiros podem ser demoradas.

Precisão: A precisão depende da habilidade e atenção dos contadores.

Custo: Custos elevados devido à necessidade de mão de obra intensiva.

Análise de Dados: Limitada pela capacidade humana de processar grandes volumes de dados.

3. Contabilidade com IA

Automação de Processos: A IA automatiza tarefas repetitivas, reduzindo erros humanos e aumentando a eficiência.

Tempo de Processamento: Processamento de dados em tempo real, permitindo decisões mais rápidas.

Precisão: Alta precisão devido à capacidade da IA de analisar grandes volumes de dados com precisão.

Custo: Redução de custos operacionais a longo prazo devido à automação.

Análise de Dados: Capacidade de analisar grandes volumes de dados rapidamente, identificando padrões e tendências que podem passar despercebidos por humanos. ("Como utilizar a inteligência artificial no recrutamento? (Factorial)")

4. Benefícios da IA na Contabilidade

Previsão Financeira: A IA pode prever tendências financeiras com base em dados históricos e variáveis atuais.

Detecção de Fraudes: Algoritmos de IA podem identificar padrões suspeitos e atividades não usuais nos dados financeiros.

Assistência Virtual: Chatbots e assistentes virtuais podem fornecer suporte aos clientes e colaboradores, respondendo a perguntas e fornecendo informações financeiras básicas.

Compliance e Conformidade: A IA pode ajudar a garantir que todas as operações estejam em conformidade com as regulamentações fiscais e contábeis.

5. Desafios e Considerações

Segurança de Dados: Garantir a segurança dos dados financeiros é crucial. ("Crescimento financeiro: confira 7 estratégias para expandir")

Treinamento e Adaptação: Os profissionais de contabilidade precisam ser treinados para usar ferramentas de IA de forma eficaz.

Custo Inicial: Implementar IA pode exigir um investimento inicial significativo. ("Inteligência Artificial na vida financeira: uma realidade")

Resumo: A contabilidade com IA oferece inúmeras vantagens em termos de eficiência, precisão e custo, mas também apresenta desafios que precisam ser gerenciados.

Recomendações: Considerar a implementação gradual da IA, começando com processos que podem se beneficiar mais imediatamente da automação.

Este diagnóstico comparativo pode ajudar a identificar áreas onde a IA pode trazer melhorias significativas e fornecer uma base para a tomada de decisões estratégicas na adoção de tecnologias avançadas na contabilidade.

3.5.2 Aqui estão os passos que você pode seguir para realizar essa análise com a implementação da Ia:

1. **Entendimento Detalhado**:
   - Comece compreendendo profundamente os processos contábeis atuais da empresa. Isso inclui a coleta de dados, registros, reconciliações, relatórios financeiros e outros aspectos.
   - Identifique os principais desafios enfrentados pela equipe contábil e as áreas que podem ser otimizadas.

2. **Avaliação da Contabilidade Atual**:
   - Analise os métodos e ferramentas utilizados atualmente. Isso pode incluir softwares de contabilidade, planilhas, processos manuais etc.
   - Avalie a eficiência, precisão e escalabilidade desses métodos.
   - Identifique possíveis gargalos ou áreas de melhoria.

Para uma avaliação abrangente da contabilidade atual, aqui estão alguns pontos importantes a serem considerados:

1. **Métodos e Ferramentas Utilizados Atualmente**:
   - **Softwares de Contabilidade**: Ferramentas como QuickBooks, SAP, Oracle Financials, entre outros, são amplamente utilizadas para automatizar e gerenciar processos contábeis.
   - **Planilhas**: Muitas empresas ainda utilizam planilhas, como o Excel, para tarefas contábeis específicas, devido à sua flexibilidade e facilidade de uso.
   - **Processos Manuais**: Em algumas situações, processos manuais ainda são empregados, especialmente em pequenas empresas ou em áreas onde a automação não é viável.

2. **Avaliação da Eficiência, Precisão e Escalabilidade**:
   - **Eficiência**: Softwares de contabilidade modernos

aumentam a eficiência ao automatizar tarefas repetitivas e reduzir o tempo necessário para completar processos contábeis.

- **Precisão**: A automação ajuda a minimizar erros humanos, aumentando a precisão das informações contábeis.
- **Escalabilidade**: Ferramentas de contabilidade baseadas em nuvem permitem que as empresas escalem suas operações facilmente, adaptando-se ao crescimento sem a necessidade de grandes investimentos em infraestrutura.

3. **Identificação de Gargalos ou Áreas de Melhoria**:
   - **Integração de Sistemas**: A falta de integração entre diferentes sistemas pode causar atrasos e erros na transferência de dados.
   - **Atualização de Softwares**: Manter os softwares atualizados é crucial para garantir a segurança e a eficiência.
   - **Treinamento de Funcionários**: Investir em treinamento contínuo para os funcionários pode melhorar a utilização das ferramentas e a eficiência geral.

3.5.2 Exploração da IA na Contabilidade:

- Pesquise e compreenda como a IA está sendo aplicada na contabilidade. Isso pode envolver:
    - **Processamento Automatizado de Dados**: A IA pode automatizar tarefas repetitivas, como classificação de transações, reconciliações e lançamentos contábeis.
    - **Análise Preditiva**: A IA pode prever tendências financeiras, identificar riscos e oportunidades.
    - **Detecção de Anomalias**: A IA pode identificar transações suspeitas ou erros.
    - **Assistência na Tomada de Decisões**: A IA pode fornecer visões estratégicos com base em dados.

3.5.2.1 A exploração da inteligência artificial (IA) na contabilidade está transformando a forma como as empresas gerenciam suas finanças e operações. Aqui estão algumas maneiras pelas quais a IA está sendo aplicada na contabilidade:

1. **Processamento Automatizado de Dados**:
   - A IA pode automatizar tarefas repetitivas, como classificação de transações, reconciliações e lançamentos contábeis. Isso reduz o tempo gasto em tarefas manuais e minimiza erros humanos. ("Uso de Inteligência Artificial em escritórios, confira na Imaginedone")

2. **Análise Preditiva**:
   - A IA pode prever tendências financeiras, identificar riscos e oportunidades. Utilizando técnicas de aprendizado de máquina, a IA analisa grandes volumes de dados para fornecer previsões precisas sobre o desempenho financeiro futuro.

3. **Detecção de Anomalias**:
   - A IA pode identificar transações suspeitas ou erros. Algoritmos inteligentes analisam padrões de transações para detectar atividades incomuns ou fraudulentas, ajudando a proteger as finanças da empresa.

4. **Assistência na Tomada de Decisões**:
   - A IA pode fornecer insights estratégicos com base em dados. Ferramentas de IA analisam dados financeiros e operacionais para oferecer recomendações que auxiliam na tomada de decisões informadas e estratégicas.

Essas aplicações da IA na contabilidade não só aumentam a eficiência e a precisão, mas também permitem que os profissionais contábeis se concentrem em atividades mais estratégicas e de maior valor para as empresas.

- Explore ferramentas específicas, como sistemas de aprendizado de máquina, redes neurais ou algoritmos de processamento de linguagem natural.

3.5.2.2 Comparação e Análise:

- Compare os resultados da contabilidade atual com o que seria possível usando a IA.
- Avalie os seguintes aspectos:
  - **Eficiência**: Quanto tempo e esforço são economizados com a IA?

- **Precisão**: A IA reduz erros e aumenta a precisão?
- **Escalabilidade**: A empresa pode lidar com volumes maiores de dados com a IA?
- **Custo-Benefício**: A implementação da IA é viável financeiramente?

Comparar os resultados da contabilidade atual com o que seria possível usando a IA, avaliando os seguintes aspectos:

1. **Eficiência**:
   - **Contabilidade Atual**: Processos manuais e uso de planilhas podem ser demorados e sujeitos a erros humanos. A eficiência depende muito da habilidade e experiência dos profissionais.
   - **Com IA**: A IA automatiza tarefas repetitivas, como classificação de transações e reconciliações, economizando tempo e esforço. Isso permite que os profissionais se concentrem em atividades mais estratégicas2.

2. **Precisão**:
   - **Contabilidade Atual**: Erros humanos são comuns, especialmente em tarefas repetitivas e de grande volume. A precisão pode variar conforme a complexidade das tarefas.
   - **Com IA**: A IA reduz significativamente os erros, garantindo maior precisão nos cálculos e relatórios contábeis. Algoritmos inteligentes podem detectar anomalias e fraudes de maneira eficaz2.

3. **Escalabilidade**:
   - **Contabilidade Atual**: Lidar com volumes maiores de dados pode ser desafiador e exigir mais recursos humanos e tecnológicos.
   - **Com IA**: A IA permite que as empresas lidem com grandes volumes de dados de forma eficiente e escalável. Ferramentas baseadas em nuvem facilitam a adaptação ao crescimento sem grandes investimentos em infraestrutura3.

4. **Custo-Benefício**:

- **Contabilidade Atual**: Pode envolver altos custos com mão de obra e tempo gasto em tarefas manuais.
- **Com IA**: Embora a implementação inicial da IA possa ser cara, os benefícios a longo prazo incluem redução de custos operacionais, aumento da eficiência e precisão, e melhor tomada de decisões. A IA pode ser financeiramente viável e trazer um retorno significativo sobre o investimento.

Essas comparações mostram como a IA pode transformar a contabilidade, tornando-a mais eficiente, precisa, escalável e custo-benefício.

5. **Recomendações e Plano de Ação**:
   - Com base na análise, faça recomendações específicas para a empresa. Isso pode incluir:
     - **Treinamento da Equipe**: Capacite os profissionais contábeis para trabalhar com a IA.
     - **Integração de Ferramentas**: Escolha as ferramentas de IA mais adequadas e integre-as ao fluxo de trabalho existente.
     - **Monitoramento Contínuo**: Acompanhe os resultados e ajuste conforme necessário.

   Para desenvolver um plano de ação eficaz com base na análise da contabilidade atual e da aplicação da IA, aqui estão algumas recomendações específicas:

Recomendações e Plano de Ação

1. **Treinamento da Equipe**:
   - **Objetivo**: Capacitar os profissionais contábeis para trabalhar com ferramentas de IA.
   - **Ações**:
     - Organizar workshops e treinamentos sobre o uso de IA na contabilidade.
     - Incentivar a participação em cursos online e

certificações relacionadas à IA e contabilidade.

- Promover a troca de conhecimentos e experiências entre os membros da equipe.

2. **Integração de Ferramentas:**
   - **Objetivo**: Escolher e integrar as ferramentas de IA mais adequadas ao fluxo de trabalho existente.
   - **Ações:**
     - Avaliar as necessidades específicas da empresa e selecionar ferramentas de IA que atendam a essas necessidades.
     - Implementar um plano de integração gradual para minimizar interrupções no trabalho.
     - Garantir que as ferramentas de IA sejam compatíveis com os sistemas contábeis existentes.

3. **Monitoramento Contínuo:**
   - **Objetivo**: Acompanhar os resultados e ajustar as estratégias conforme necessário.
   - **Ações:**
     - Estabelecer métricas de desempenho para avaliar a eficácia das ferramentas de IA.
     - Realizar revisões periódicas dos processos e resultados para identificar áreas de melhoria.
     - Manter um canal de comunicação aberto para feedback contínuo da equipe sobre o uso das ferramentas de IA.

Benefícios Esperados

- **Eficiência**: Redução do tempo e esforço necessários para realizar tarefas contábeis.
- **Precisão**: Diminuição de erros e aumento da precisão dos dados contábeis.
- **Escalabilidade**: Capacidade de lidar com volumes maiores de dados de forma eficiente.
- **Custo-Benefício**: Redução de custos operacionais a longo prazo e

melhor retorno sobre o investimento.

Implementar essas recomendações pode ajudar a empresa a aproveitar ao máximo as vantagens da IA na contabilidade, melhorando a eficiência, precisão e escalabilidade dos processos contábeis

Lembre-se de que a contabilidade consultiva com IA não é apenas sobre tecnologia, mas também sobre estratégia e colaboração com outras áreas da empresa.

3.5.3 Ferramentas

As ferramentas de IA mais utilizadas na contabilidade

a. As ferramentas de **Inteligência Artificial (IA)** desempenham um papel significativo na transformação da contabilidade. Aqui estão algumas das principais ferramentas de IA utilizadas no setor contábil:

1. **Automação de Processos Robóticos (RPA):**
   - O RPA automatiza tarefas repetitivas e baseadas em regras. Ele pode lidar com processos como entrada de dados, reconciliações e geração de relatórios.
   - <u>A automação RPA reduz erros, aumenta a eficiência e libera os profissionais contábeis para tarefas mais estratégicas.</u>

   Automação de Processos Robóticos (RPA)
   Descrição: O RPA automatiza tarefas repetitivas e baseadas em regras, como entrada de dados, reconciliações e geração de relatórios.
   Benefícios:
   - **Redução de Erros**: A automação RPA minimiza a ocorrência de erros humanos, garantindo maior precisão nos processos contábeis.
   - **Aumento da Eficiência**: Com a automação de tarefas repetitivas, os processos são realizados de forma mais rápida e eficiente.
   - **Liberação de Tempo**: Profissionais contábeis podem se concentrar em tarefas mais estratégicas e de maior valor agregado, como análise de dados e tomada de decisões. ("Automação de conciliações contábeis: guia útil! - Dattos")

      1.2 Aplicações no Agronegócio
      Descrição: No agronegócio, a automação robótica pode ser aplicada em diversas áreas para melhorar a eficiência e a precisão das

operações.

Benefícios:

- **Monitoramento de Culturas**: Robôs e drones podem ser usados para monitorar a saúde das plantas, identificar pragas e doenças, e aplicar insumos agrícolas de forma precisa.
- **Gestão de Recursos**: Sensores IoT e sistemas automatizados ajudam a gerenciar recursos como água e fertilizantes, otimizando o uso e reduzindo desperdícios.
- **Processamento de Dados**: Ferramentas de RPA podem automatizar a coleta e análise de dados agrícolas, fornecendo insights valiosos para a tomada de decisões.

A contabilidade consultiva no agronegócio, especialmente com a aplicação de automação robótica, pode trazer grandes benefícios na gestão de custos, como o custo do alimento nas cocheiras para gado de corte. Aqui estão algumas maneiras de como isso pode ser feito:

Contabilidade Consultiva no Agronegócio com Automação Robótica

1. **Automação de Processos Robóticos (RPA)**:
    - **Descrição**: O RPA pode automatizar tarefas repetitivas e baseadas em regras, como a entrada de dados, reconciliações e geração de relatórios financeiros.
    - **Benefícios**: Reduz erros, aumenta a eficiência e libera os profissionais contábeis para tarefas mais estratégicas.
2. **Controle de Custos de Alimentos nas Cocheiras**:
    - **Monitoramento em Tempo Real**: Sensores IoT podem ser instalados nas cocheiras para monitorar o consumo de alimentos em tempo real. Esses dados podem ser integrados a sistemas de RPA para análise e controle de custos.
    - **Análise de Dados**: Ferramentas de IA podem analisar os dados coletados para identificar padrões de consumo e prever necessidades futuras, ajudando a otimizar a compra e o uso de alimentos.
    - **Relatórios Automatizados**: A RPA pode gerar relatórios detalhados sobre o consumo de alimentos e os custos associados, permitindo uma gestão mais precisa e informada.
3. **Ferramentas Específicas**:
    - **CUSTObov**: Desenvolvido pela Embrapa, o sistema CUSTObov permite calcular as margens que refletem o

desempenho econômico da propriedade e fornece uma série de análises que permitem o controle financeiro do negócio.
- **Plataformas de Gestão Agrícola**: Existem diversas plataformas que integram IA e RPA para ajudar na gestão de propriedades agrícolas, como monitoramento de recursos, controle de estoque e análise de custos.

Benefícios da Automação Robótica no Agronegócio

- **Eficiência**: Redução do tempo e esforço necessários para realizar tarefas administrativas e operacionais.
- **Precisão**: Diminuição de erros e aumento da precisão dos dados financeiros e operacionais.
- **Escalabilidade**: Capacidade de lidar com volumes maiores de dados de forma eficiente.
- **Custo-Benefício**: Redução de custos operacionais a longo prazo e melhor retorno sobre o investimento.

Essas tecnologias estão transformando o agronegócio, tornando os processos mais eficientes, precisos e estratégicos.

Ferramenta permite cálculo simples de custos da pecuária de corte mais detalhes você encontra no site da www.Embrapa.br

2. **Aprendizado de Máquina (Machine Learning)**:
    - O Machine Learning permite que os computadores aprendam com dados sem serem explicitamente programados. ("Machine Learning para Vendas: 10 dicas para usar")
    - <u>No contexto contábil, ele pode otimizar interações com clientes por meio de chatbots, melhorando a experiência do usuário.</u>

sobre o aprendizado de máquina (Machine Learning) e suas aplicações na contabilidade:

Aprendizado de Máquina (Machine Learning)

Descrição: O Machine Learning permite que os computadores aprendam com dados sem serem explicitamente programados. Isso é feito através de algoritmos que identificam padrões e fazem previsões com base em grandes volumes de dados.

Aplicações na Contabilidade

1. **Otimização de Interações com Clientes**:
    - **Chatbots**: Chatbots baseados em Machine Learning podem ser usados para interagir com clientes, respondendo a perguntas frequentes, fornecendo

suporte e orientações financeiras. Isso melhora a experiência do usuário e libera tempo dos profissionais contábeis para tarefas mais complexas.
- **Exemplo**: Um chatbot pode ajudar um cliente a entender suas faturas, fornecer informações sobre prazos de pagamento e até mesmo oferecer conselhos financeiros personalizados com base no histórico de transações do cliente.

2. **Análise de Dados Financeiros**:
   - **Previsão de Tendências**: Algoritmos de Machine Learning podem analisar dados financeiros históricos para prever tendências futuras, como receitas, despesas e fluxos de caixa. Isso ajuda as empresas a planejar melhor e tomar decisões informadas.
   - **Exemplo**: Uma empresa pode usar Machine Learning para prever suas vendas futuras com base em dados históricos, ajustando suas estratégias de marketing e produção de acordo.

3. **Detecção de Fraudes**:
   - **Identificação de Anomalias**: Algoritmos de Machine Learning podem identificar transações suspeitas ou anômalas que podem indicar fraudes. Isso aumenta a segurança financeira e protege a empresa contra perdas. ("Automação e preparação de dados por IA no setor financeiro - Dattos")
   - **Exemplo**: Um sistema de Machine Learning pode monitorar transações em tempo real e sinalizar atividades incomuns, como grandes transferências de dinheiro ou padrões de gasto atípicos.

4. **Automatização de Processos Contábeis**:
   - **Classificação de Transações**: Machine Learning pode ser usado para automatizar a classificação de transações financeiras, reduzindo o tempo e o esforço necessários para realizar essa tarefa manualmente.
   - **Exemplo**: Um algoritmo pode aprender a classificar automaticamente despesas em categorias apropriadas, como viagens, alimentação ou suprimentos de escritório, com base em dados históricos.

Essas aplicações do Machine Learning na contabilidade não só aumentam a eficiência e a precisão, mas também permitem que os profissionais contábeis se concentrem em atividades mais estratégicas e de maior valor para as empresas

3. **Análise Preditiva**:
   - A análise preditiva usa algoritmos para prever eventos futuros com base em dados históricos. ("Logística 4.0: Guia completo do conceito à implantação - Lyncas")
   - <u>Na contabilidade, ela pode prever tendências financeiras, riscos e oportunidades.</u>

Análise Preditiva
Descrição: A análise preditiva usa algoritmos para prever eventos futuros com base em dados históricos. Isso é feito através da análise de grandes volumes de dados para identificar padrões e tendências.

Aplicações na Contabilidade

1. **Previsão de Tendências Financeiras**:
   - **Descrição**: Algoritmos de análise preditiva podem analisar dados financeiros históricos para prever tendências futuras, como receitas, despesas e fluxos de caixa.
   - **Exemplo**: Uma empresa pode usar análise preditiva para prever suas vendas futuras com base em dados históricos, ajustando suas estratégias de marketing e produção de acordo. Isso ajuda a planejar melhor e tomar decisões informadas.

2. **Identificação de Riscos**:
   - **Descrição**: A análise preditiva pode identificar riscos financeiros potenciais, como inadimplência de clientes ou flutuações de mercado.
   - **Exemplo**: Um banco pode usar análise preditiva para avaliar a probabilidade de inadimplência de um cliente com base em seu histórico de crédito e comportamento financeiro. ("Explorando os Quatro Tipos de Análises de Dados: Descritiva ... - DIO") Isso permite que o banco tome medidas preventivas para mitigar os riscos.

3. **Oportunidades de Investimento**:
   - **Descrição**: A análise preditiva pode identificar oportunidades de investimento com base em tendências de mercado e dados econômicos.
   - **Exemplo**: Uma empresa de investimentos pode usar análise preditiva para identificar setores ou empresas

com alto potencial de crescimento, ajudando a orientar suas decisões de investimento.

Benefícios da Análise Preditiva na Contabilidade

- **Eficiência**: Redução do tempo e esforço necessários para realizar análises financeiras.
- **Precisão**: Aumento da precisão das previsões financeiras e identificação de riscos.
- **Tomada de Decisões Informadas**: Melhoria na qualidade das decisões estratégicas com base em dados precisos e previsões confiáveis.

Essas aplicações da análise preditiva na contabilidade ajudam as empresas a se prepararem melhor para o futuro, identificando riscos e oportunidades de forma mais eficaz

4. **Deep Learning**:
   - O Deep Learning envolve algoritmos complexos que simulam redes neurais do cérebro humano.
   - <u>Ele permite que a IA aprenda sobre áreas de conhecimento mais profundas, como reconhecimento de imagens, linguagem natural e hábitos de aprendizado</u>.

Deep Learning

Descrição: O Deep Learning envolve algoritmos complexos que simulam redes neurais do cérebro humano. Esses algoritmos são capazes de aprender e melhorar continuamente com grandes volumes de dados.

Aplicações na Contabilidade

1. **Reconhecimento de Imagens**:
   - **Descrição**: Algoritmos de Deep Learning podem ser usados para analisar e reconhecer imagens, como documentos financeiros, recibos e faturas.
   - **Exemplo**: Um sistema de Deep Learning pode automaticamente extrair informações de faturas digitalizadas, como valores, datas e fornecedores, e inserir esses dados nos sistemas contábeis, reduzindo a necessidade de entrada manual de dados.
2. **Processamento de Linguagem Natural (NLP)**:
   - **Descrição**: O NLP permite que a IA entenda e processe a linguagem humana, facilitando a interação com sistemas contábeis.
   - **Exemplo**: Chatbots avançados podem usar NLP para

responder a perguntas complexas de clientes sobre suas finanças, fornecer relatórios detalhados e até mesmo realizar análises financeiras com base em comandos de voz ou texto.

3. **Análise de Hábitos de Aprendizado**:
    - **Descrição**: Algoritmos de Deep Learning podem analisar padrões de comportamento e aprendizado dos usuários para oferecer recomendações personalizadas.
    - **Exemplo**: Um sistema de contabilidade pode usar Deep Learning para identificar padrões de gastos e oferecer conselhos financeiros personalizados, ajudando os usuários a gerenciar melhor suas finanças.

Benefícios do Deep Learning na Contabilidade

- **Precisão**: Aumenta a precisão na análise de dados e na geração de relatórios financeiros.
- **Eficiência**: Reduz o tempo e o esforço necessários para realizar tarefas contábeis complexas.
- **Automatização**: Permite a automação de processos que antes eram realizados manualmente, liberando tempo para atividades mais estratégicas.

Essas aplicações do Deep Learning na contabilidade ajudam a transformar os processos financeiros, tornando-os mais eficientes, precisos e estratégicos.

5. **Plataformas Específicas**:
    - Existem plataformas específicas que oferecem soluções avançadas de IA para profissionais contábeis.
    - <u>Por exemplo, a plataforma **Imposto grama** integra IA e ajuda a atingir novos patamares na contabilidade e tributação.</u>

Vamos explorar mais algumas ferramentas de Inteligência Artificial (IA) que estão transformando a contabilidade:

1. Destreza Dext

Descrição: Dext é uma plataforma avançada de contabilidade que usa IA para simplificar e otimizar fluxos de trabalho financeiros. ("10 melhores ferramentas de contabilidade de IA (dezembro de 2024)")

Funcionalidades: Automatiza a coleta, processamento e gerenciamento de faturas, recibos e extratos bancários. ("10 melhores ferramentas de contabilidade de IA (dezembro de 2024)") Integra-se com softwares de contabilidade e instituições financeiras para atualizações em tempo real.

2. Consultor Digital Conrado

Descrição: Desenvolvido para atender às necessidades dos contadores brasileiros, o Conrado oferece uma ampla gama de funcionalidades específicas para o setor contábil.

Funcionalidades: Análise automática de folhas de pagamento, verificação de contratos sociais, fornecimento de informações atualizadas sobre leis e regulamentações contábeis, e auxílio na prospecção de clientes.

3. Otter.ai

Descrição: Ferramenta de transcrição e análise de reuniões que organiza automaticamente informações importantes.

Funcionalidades: Transcrição em tempo real, geração de resumos detalhados, identificação automática de ações e tarefas.

4. Xero

Descrição: Plataforma de contabilidade baseada em nuvem que utiliza IA para melhorar a eficiência e precisão dos processos contábeis.

Funcionalidades: Automatiza a reconciliação bancária, categorização de transações e geração de relatórios financeiros. Oferece insights financeiros em tempo real e integração com diversas aplicações financeiras.

5. QuickBooks Online

Descrição: Software de contabilidade popular que incorpora IA para otimizar a gestão financeira.

Funcionalidades: Automatiza a entrada de dados, reconciliação de contas e geração de relatórios. Utiliza IA para prever fluxos de caixa e identificar tendências financeiras.

6. Sage Intacct

Descrição: Plataforma de contabilidade em nuvem que utiliza IA para fornecer insights financeiros avançados.

Funcionalidades: Automatiza processos contábeis, oferece análises preditivas e relatórios personalizados. Integra-se com outras ferramentas de gestão empresarial para uma visão holística das finanças.

7. BlackLine

Descrição: Ferramenta de automação contábil que utiliza IA para melhorar a precisão e eficiência dos processos financeiros.

Funcionalidades: Automatiza a reconciliação de contas, fechamento financeiro e conformidade regulatória. Oferece análises em tempo real e detecção de anomalias

CAPÍTULO 4: AS FERRAMENTAS QUE MUDARÃO O MUNDO CONTABIL E DA AUDITORIA INTERNA

4.1 As Ferramentas Que Mudarão O Mundo Contabil

Como a IA está mudando a profissão contábil

inteligência artificial (AI) está trazendo uma grande revolução na profissão contábil de diversas maneiras. Com a capacidade de automatizar tarefas repetitivas, analisar grandes quantidades de dados financeiros e fornecer informações valiosas, os sistemas alimentados por IA estão transformando os departamentos e práticas contábeis. ("12 melhores ferramentas de IA para contabilidade 2024: de algoritmos a ...") aqui discutiremos o impacto da IA na área de contabilidade, discutindo como ela está agilizando os processos financeiros, permitindo a tomada de decisões informadas e reduzindo riscos potenciais.

"Além disso, também examinaremos as considerações éticas que cercam a IA na contabilidade e como ela está remodelando o papel dos profissionais de contabilidade." ("12 melhores ferramentas de IA para contabilidade 2024: de algoritmos a ...") Da automação robótica de processos à análise preditiva, a IA está moldando o futuro do setor contábil, abrindo caminho para equipes financeiras mais eficientes e inteligentes.

O poder da inteligência artificial vem acelerando todos os setores, é hora de explorar as ferramentas de IA para contabilidade que estão revolucionando a indústria. A IA está transformando a contabilidade, automatizando tarefas rotineiras e identificando padrões em dados. Isso permite que os contabilistas se concentrem em responsabilidades estratégicas. Quer descobrir como essas ferramentas podem manter você atualizado no mundo da contabilidade?

Explore o potencial da IA na contabilidade ainda hoje!

4.1 Algumas das principais ferramentas de IA para contabilidade (atualizado em 2024)

Essas ferramentas de IA para contabilidade oferecem uma ampla gama de recursos, como automatização de entrada de dados, processamento de faturas, financeiro preparação de extratos, detecção de fraudes e análise preditiva. Ao aproveitar essas ferramentas, as empresas podem reduzir erros manuais, aumentar a eficiência e ficar à frente de possíveis problemas antes que se tornem um problema. ("12 melhores ferramentas de IA para contabilidade 2024: de algoritmos a ...")

a. Zeni.ai

Zeni.ai é um Concierge financeiro com tecnologia de IA projetado para startups e pequenas empresas, oferecendo uma gama de recursos para agilizar as operações financeiras. Zeni.ai combina tecnologia de IA com uma equipe de especialistas em finanças para fornecer informações precisas e eficientes escrituração, contabilidade, imposto e serviços de CFO. ("12 melhores ferramentas de IA para contabilidade 2024: de algoritmos a ...")

Os principais recursos incluem:
- Dados financeiros em tempo real fornecidos pelo Zeni.ai.
- Ele tem acesso a métricas financeiras críticas, como taxa de consumo, pista, despesas operacionais, custo de vendas e fluxo de caixa, permitindo que as empresas tomem decisões baseadas em dados.
- Tem Insights baseados em IA.
- O back-end de IA da plataforma processa dados diariamente e oferece insights sobre gastos, receitas por produto, relatórios de final de mês e muito mais por meio de um painel fácil de usar.
- Serviços financeiros abrangentes, bem como gerencia várias funções financeiras, incluindo impostos, pagamento de contas, faturamento, projeções financeiras, orçamento e administração de folha de pagamento. Outra coisa em que Zeni AI pode ajudá-lo é um sistema de taxa mensal fixa. ("12 melhores ferramentas de IA para contabilidade 2024: de algoritmos a ...")

Zeni.ai visa principalmente startups e pequenas empresas, especialmente aqueles na indústria de tecnologia. Ao fornecer em tempo real dados financeiros e suporte especializado, Zeni.ai ajuda essas empresas a tomar decisões informadas, impulsionar o crescimento sustentável e gerenciar suas finanças com mais eficiência.

b. Vic.ai

"Vic.ai é uma plataforma de contabilidade baseada em IA que se concentra na automatização de processos de contas a pagar (AP) para líderes financeiros e equipes de contas a pagar." ("12 melhores ferramentas de IA para contabilidade 2024: de algoritmos a ...") A plataforma utiliza inteligência artificial e aprendizado de máquina para agilizar tais como:

- O processamento de faturas, aprovações e correspondência de pedidos de compra, reduzindo o esforço manual e o erro humano. ("12 melhores ferramentas de IA para contabilidade 2024: de algoritmos a ...")

- Possui piloto automático. O recurso Autopilot do Vic.ai seleciona de forma inteligente faturas e despesas que atendem a determinados critérios, automatizando o processo de entrada de dados de AP. Com seus Fluxos de Aprovação Autônoma, a plataforma oferece um fluxo tranquilo no qual processa faturas automaticamente e sem erros, permitindo que as equipes se concentrem em tarefas mais importantes. ("12 melhores ferramentas de IA para contabilidade 2024: de algoritmos a ...")

- Os insights em tempo real e a análise preditiva permitem que Vic.ai forneça dados financeiros em tempo real para ajudar os líderes financeiros a tomar melhor decisões com mais rapidez.

- Integração com Sistemas ERP que Vic.ai possui, é capaz de se integrar com plataformas populares como Workday, Bill.com, QuickBooks Online e Sage Intacct, garantindo integração perfeita aos fluxos de trabalho existentes.

c. Indy

Indy é uma plataforma de contabilidade premium desenvolvida para freelancers e pequenas empresas, com o objetivo de simplificar a gestão financeira e agilizar as tarefas administrativas. Com uma interface amigável e uma ampla gama de recursos, o Indy ajuda os usuários a economizar tempo e se concentrar em suas atividades comerciais principais. ("12 melhores ferramentas de IA para contabilidade 2024: de algoritmos a ...")

- Sistema de faturamento fácil de usar que permite aos usuários criar, enviar e rastrear faturas profissionais. A plataforma permite aos usuários categorizar e gerenciar despesas, facilitando o monitoramento dos custos do negócio e a preparação para a temporada fiscal ("12 melhores ferramentas de IA para contabilidade 2024: de algoritmos a ...")

- Integra às contas bancárias dos usuários, importando automaticamente as transações e categorizando-as para facilitar a reconciliação. ("12 melhores ferramentas de IA para contabilidade 2024: de algoritmos a ...")

- A plataforma simplifica a preparação de impostos, gerando formulários fiscais e fornecendo orientações sobre deduções e créditos fiscais. O Indy permite que os usuários colaborem com seus contadores ou consultores financeiros, fornecendo acesso seguro a dados e documentos financeiros. ("12 melhores ferramentas de IA para contabilidade 2024: de algoritmos a ...")

"Indy tem como alvo principal freelancers, profissionais autônomos e proprietários de pequenas empresas que precisam de uma maneira simples e eficiente de gerenciar suas finanças." ("12 melhores ferramentas de IA para contabilidade 2024: de algoritmos a ...") ao automatizar várias tarefas contábeis e fornecer uma interface amigável, o Indy ajuda os usuários a economizar tempo, reduzir erros e tomar melhores decisões financeiras.

d. Docyt

Docyt é outra plataforma de software de automação contábil baseada em IA, projetada para agilizar o gerenciamento financeiro de empresas, automatizando tarefas tediosas de contabilidade, fornecendo informações em tempo real insights financeiros e simplificando as operações de backoffice. Docyt oferece uma variedade de recursos para ajudar as empresas a tomar decisões mais rápidas e melhorar sua saúde financeira geral. ("12 melhores ferramentas de IA para contabilidade 2024: de algoritmos a ...")

- A coleta automatizada de dados baseada em IA da Dony coleta ativa e passivamente dados financeiros, como feeds de bancos, ponto de venda (POS) relatórios de receitas, contas, recibos e dados do sistema de folha de pagamento.

- A plataforma usa IA para extrair, identificar e organizar dados financeiros em fluxos de trabalho acionáveis no aplicativo Docyt. ("12 melhores ferramentas de IA para contabilidade 2024: de algoritmos a ...") A IA da Docyt reconcilia transações continuamente, reduzindo o esforço manual e garantindo registros financeiros precisos.

- A plataforma automatiza o gerenciamento e a contabilidade de despesas, permitindo que as empresas rastreiem despesas e monitorem sua saúde financeira. ("12 melhores ferramentas de IA para contabilidade 2024: de algoritmos a ...")

Docyt é outra plataforma de contabilidade baseada em IA que fornece insights financeiros em tempo real, incluindo demonstrações de lucros e perdas e balanços patrimoniais continuamente atualizados para cada negócio. Docyt se integra a softwares de contabilidade populares, como QuickBooks, para simplificar a migração de dados e garantir a integração perfeita nos fluxos de trabalho existentes. ("12 melhores ferramentas de IA para contabilidade 2024: de algoritmos a ...")

e. Blue Dot

"Ponto Azul é um Plataforma de conformidade fiscal baseada em IA que ajuda as empresas a gerir a sua contabilidade fiscal de forma mais eficiente e eficaz." ("12 melhores ferramentas de IA para contabilidade 2024: de algoritmos a ...") A plataforma usa inteligência artificial, aprendizado de máquina e deep learning tecnologias para automatizar diversas tarefas relacionadas a impostos, garantindo a conformidade com as regulamentações fiscais globais e reduzindo as vulnerabilidades fiscais.

- A plataforma alimentada por IA da Blue Dot rastreia, relata e calcula automaticamente os benefícios tributáveis dos funcionários e a recuperação do IVA, simplificando o processo de conformidade fiscal.
- A plataforma identifica gastos de IVA elegíveis e qualificados, aproveitando um aplicativo automatizado baseado em IA e ML para garantir o lançamento de IVA nacional em conformidade e o reembolso de IVA estrangeiro.

A tecnologia patenteada da Blue Dot fornece uma visão de 360° de todas as transações realizadas pelos funcionários, facilitando o gerenciamento da conformidade fiscal em toda a empresa.

A plataforma aproveita o poder da IA incluindo aprendizagem profunda e processamento de linguagem natural, para criar uma história completa de cada transação conduzida pelos funcionários. "O Blue Dot integra-se perfeitamente com plataformas populares de gerenciamento de despesas, como SAP Concur, Yokoy e Rydoo, para automatizar todo o processo de conformidade fiscal e relatórios." ("12 melhores ferramentas de IA para contabilidade 2024: de algoritmos a ...")

f. Truewind.ai

"Truewind é uma ferramenta contábil e financeira baseada em IA, projetada para ajudar startups com a sua gestão financeira." ("12 melhores ferramentas de IA para contabilidade 2024: de algoritmos a ...") ao combinar inteligência artificial com seus serviços, a Truewind oferece uma solução financeira encantadora experiência de backoffice, garantindo uma contabilidade precisa, modelos financeiros detalhados e fechamentos mensais mais rápidos.

- Utiliza tecnologia de IA para fornecer serviços de contabilidade precisos e confiáveis, garantindo registros financeiros bem mantidos para startups. A plataforma equipa startups com modelos financeiros intrincados que auxiliam na previsão e decisão estratégica-processos de fabricação. ("12 melhores ferramentas de IA para contabilidade 2024: de algoritmos a ...")

- Os processos eficientes e os recursos orientados por IA do Truewind permitem que as startups fechem seus livros rapidamente, permitindo decisões de negócios mais rápidas e informadas. ("12 melhores ferramentas de IA para contabilidade 2024: de algoritmos a ...")

- A plataforma oferece uma equipe formada por especialistas em finanças que trabalham em estreita colaboração com startups para gerenciar seus livros, impostos e outras necessidades financeiras, proporcionando uma experiência de suporte personalizada e de classe mundial. ("12 melhores ferramentas de IA para contabilidade 2024: de algoritmos a ...")

Truewind tem como objetivo fornecer soluções financeiras para startups e empresas em rápido crescimento que necessitam de uma gestão financeira eficiente e precisa. Ao usar a tecnologia de IA em seus serviços, a Truewind ajuda as startups a economizar tempo, reduzir erros e tomar melhores decisões financeiras, permitindo que se concentrem no crescimento e na inovação.

g. Dext

"Dext é uma solução de contabilidade baseada em nuvem projetada para ajudar empresas, contadores e contadores a otimizar seus processos de gerenciamento financeiro." ("12 melhores ferramentas de IA para contabilidade 2024: de algoritmos a ...") ao usar o poder da inteligência artificial e do aprendizado de máquina, o Dext automatiza a captura, extração e integração de dados com softwares de contabilidade populares, economizando tempo e melhorando a precisão.

- Permite aos usuários capturar e armazenar eletronicamente recibos, faturas e outros documentos financeiros, reduzindo a entrada manual de dados e garantindo registros precisos. ("12 melhores ferramentas de IA para contabilidade 2024: de algoritmos a ...")

- A plataforma utiliza IA e aprendizagem automática para extrair dados relevantes de documentos financeiros e carregá-los no sistema de contabilidade do utilizador num formato digital padronizado. Dext se integra aos principais softwares de contabilidade, como Xero, Sage Accounting e QuickBooks, garantindo transferência e compatibilidade de dados perfeitas. ("12 melhores ferramentas de IA para contabilidade 2024: de algoritmos a ...")

Os usuários podem criar e gerenciar facilmente relatórios de despesas, agilizando o processo de gerenciamento de despesas e fornecendo informações valiosas sobre os custos do negócio. Sobre regras e automação, o Dext permite que os usuários configurem regras personalizadas e automação para categorizar e processar dados financeiros com mais eficiência. ("12 melhores ferramentas de IA para contabilidade 2024: de algoritmos a ...")

h. AutoEntrada

AutoEntry é uma plataforma de captura e automação de dados baseada em IA, projetada para ajudar empresas, contadores e contadores a otimizar seus processos de gerenciamento financeiro. Ao aproveitar a inteligência artificial e sua tecnologia, o AutoEntry automatiza a captura, extração e integração de dados financeiros de diversos documentos, como faturas, recibos e extratos bancários, economizando tempo e melhorando a precisão. ("12 melhores ferramentas de IA para contabilidade 2024: de algoritmos a ...")

- Permite aos usuários capturar documentos financeiros eletronicamente, seja digitalizando, enviando por e-mail ou tirando uma foto com o aplicativo móvel, reduzindo a entrada manual de dados e garantindo registros precisos

- A plataforma utiliza tecnologia AI e OCR para extrair dados relevantes de documentos financeiros e carregá-los no sistema de contabilidade do usuário em um formato digital padronizado. ("12 melhores ferramentas de IA para contabilidade 2024: de algoritmos a ...")

- O AutoEntry integra-se aos principais softwares de contabilidade, como Sage e QuickBooks, garantindo transferência e compatibilidade de dados perfeitas. ("12 melhores ferramentas de IA para contabilidade 2024: de algoritmos a ...")

"Os usuários podem fazer upload de extratos bancários em vários formatos, e o AutoEntry extrairá e categorizará automaticamente as transações para facilitar a reconciliação." ("12 melhores ferramentas de IA para contabilidade 2024: de algoritmos a ...")

i. Auditor de IA MindBridge

MindBridge é líder global em descoberta de riscos financeiros e detecção de anomalias, fornecendo soluções baseadas em IA para ajudar as organizações a extrair insights dos dados. A plataforma combina experiência em auditoria e finanças com ciência de dados e engenhosidade de IA para apoiar o julgamento profissional e atender à necessidade humana de transparência financeira. ("12 melhores ferramentas de IA para contabilidade 2024: de algoritmos a ...") A plataforma patenteada da MindBridge foi projetada para detectar erros nas demonstrações financeiras de auditores, empresas, bancos centrais e outras instituições financeiras.

- MindBridge oferece análises baseadas em dados que permitem que as equipes se concentrem em questões críticas de negócios e obtenham insights valiosos a partir de dados financeiros. A plataforma utiliza um conjunto exclusivo de técnicas de detecção e exposição de riscos para construir confiança nos dados financeiros e reduzir a incerteza. ("12 melhores ferramentas de IA para contabilidade 2024: de algoritmos a ...")

- MindBridge pode lidar com grandes volumes de dados financeiros, proporcionando maior desempenho analítico e capacidade de resposta para tomadas de decisão mais rápidas. ("12 melhores ferramentas de IA para contabilidade 2024: de algoritmos a ...")

"A plataforma também se integra a softwares de contabilidade populares, permitindo transferência e compatibilidade de dados perfeitas." ("12 melhores ferramentas de IA para contabilidade 2024: de algoritmos a ...") A plataforma de auditoria de IA da MindBridge foi projetada para fortalecer a confiança na auditoria e a conformidade na avaliação de risco, complementando as metodologias de auditoria existentes.

j. Livro AI

Booke AI é uma ferramenta de automação de contabilidade baseada em IA, projetada para agilizar a contabilidade para contadores. Ao usar intensamente a inteligência artificial, Booke AI automatiza várias tarefas, como corrigir transações não categorizadas, categorizar automaticamente transações e fornecer sugestões de reconciliação especializadas. Isso resulta em maior eficiência, redução de erros e melhor comunicação com o cliente. ("12 melhores ferramentas de IA para contabilidade 2024: de algoritmos a ...")

- Booke AI classifica as transações e as reconcilia com a assistência da IA, resultando em uma taxa de categorização de transações 80% mais rápida. "A plataforma extrai dados de faturas, contas e recibos em tempo real, simplificando a entrada de dados e reduzindo erros manuais." ("12 melhores ferramentas de IA para contabilidade 2024: de algoritmos a ...")

- Booke AI integra-se perfeitamente com softwares de contabilidade populares, permitindo transferência de dados eficiente e compatibilidade. ("12 melhores ferramentas de IA para contabilidade 2024: de algoritmos a ...")

A tecnologia avançada de detecção de erros do Booke AI garante livros precisos e ajuda os usuários a encontrar e corrigir facilmente erros em sua contabilidade. Comunicação com o cliente: a plataforma melhora comunicação com o cliente e colaboração através de seu portal fácil de usar e ferramentas de comunicação eficientes. ("12 melhores ferramentas de IA para contabilidade 2024: de algoritmos a ...")

1.Bill e Divvy

Bill & Divvy é uma plataforma abrangente de gerenciamento de despesas que combina o poder da IA com cartões corporativos inteligentes para ajudar as empresas a otimizar seus processos de gastos, orçamentos e relatórios de despesas. Ao oferecer insights em tempo real, orçamentos personalizáveis e integração perfeita com software de contabilidade, Bill & Divvy permite que as empresas tomem melhores decisões financeiras e melhorem a saúde financeira geral.

- A Divvy fornece às empresas cartões corporativos inteligentes que podem ser personalizados com limites de gastos individuais, garantindo melhor controle sobre as despesas dos funcionários.

- A plataforma oferece rastreamento de despesas em tempo real, permitindo que as empresas monitorem os gastos e façam ajustes conforme necessário. ("12 melhores ferramentas de IA para contabilidade 2024: de algoritmos a ...")

Bill & Divvy aproveita a IA para ajudar as empresas a criar e gerenciar orçamentos de forma mais eficaz, fornecendo insights sobre padrões de gastos e tendências. "A plataforma simplifica os relatórios de despesas categorizando automaticamente as transações e integrando-se com softwares de contabilidade populares como QuickBooks, Xero e NetSuite." ("12 melhores ferramentas de IA para contabilidade 2024: de algoritmos a ...") Bill & Divvy também usa algoritmos baseados em IA para detectar e prevenir possíveis fraudes, garantindo a segurança das finanças empresariais.

m. Finchat.io

Finchat.io é um Chatbot com tecnologia de IA projetado explicitamente para o setor financeiro, fornecendo aos usuários informações financeiras em tempo real e insights sobre mais de 750 empresas públicas e investidores proeminentes. Ao usar tecnologia avançada de aprendizado de máquina, Finchat.io oferece uma interface interativa para acessar dados financeiros, transcrições de chamadas de lucros, relatórios trimestrais e anuais e muito mais, tornando-o uma ferramenta poderosa para investidores, analistas e consultores financeiros. ("12 melhores ferramentas de IA para contabilidade 2024: de algoritmos a ...")

- Finchat.io usa IA e processamento de linguagem natural para compreender e responder às dúvidas dos usuários, fornecendo respostas precisas e fáceis de entender. ("12 melhores ferramentas de IA para contabilidade 2024: de algoritmos a ...")

- A plataforma oferece dados financeiros em tempo real, permitindo que os usuários se mantenham atualizados com as tendências e indicadores do setor. Finchat.io cobre mais de 750 empresas e 100 superinvestidores, fornecendo informações abrangentes aos usuários. O sistema foi projetado para aprender continuamente, refinando suas respostas ao longo do tempo para maior precisão e relevância. ("12 melhores ferramentas de IA para contabilidade 2024: de algoritmos a ...")

3.2 Os benefícios da implementação de IA em departamentos e empresas de contabilidade

"A Inteligência Artificial (IA) está trazendo uma grande revolução em vários setores, e agora as empresas de contabilidade não são exceção." ("12 melhores ferramentas de IA para contabilidade 2024: de algoritmos a ...") ("12 melhores ferramentas de IA para contabilidade 2024: de algoritmos a ...") O futuro da contabilidade e dos profissionais de contabilidade está olhando para a tecnologia de IA para agilizar tarefas repetitivas, obter insights valiosos, tomar decisões financeiras informadas e aumentar a eficiência geral dos departamentos e empresas de contabilidade. Com o uso de aprendizado de máquina, processamento de linguagem natural e automação robótica de processos, os sistemas alimentados por IA são capazes de gerenciar grandes volumes de dados financeiros em tempo real. Isso permite que os profissionais de contabilidade se concentrem no pensamento crítico e nos processos financeiros estratégicos.

Desde uma maior precisão e processos financeiros mais rápidos até uma melhor detecção de fraudes e uma tomada de decisão mais informada, a integração da IA estar transformando a forma como os contadores trabalham. Isso contribui para uma maior eficiência empresarial e impulsiona um melhor desempenho financeiro.

A IA na contabilidade revoluciona os processos financeiros das empresas, fornecendo informações em tempo real sobre seu desempenho financeiro. Através de algoritmos avançados de IA, é possível analisar grandes quantidades de dados financeiros para identificar padrões, tendências e anomalias que antes eram invisíveis para os profissionais de contabilidade. ("12 melhores ferramentas de IA para contabilidade 2024: de algoritmos a ...") Isso permite que as empresas tomem decisões informadas e otimizem suas estratégias financeiras de maneira oportuna.

Um benefício significativo da IA na contabilidade é a sua capacidade de auxiliar na previsão do fluxo de caixa. Ao analisar dados financeiros históricos e considerar vários fatores externos, os algoritmos de IA podem fornecer previsões precisas de futuras entradas e saídas de caixa. Isto permite às empresas planear e gerir as suas finanças de forma mais eficaz, garantindo liquidez suficiente para as operações quotidianas e evitando crises de fluxo de caixa. ("12 melhores ferramentas de IA para contabilidade 2024: de algoritmos a ...")

Além disso, Algoritmos de IA podem ajudar na análise de lucratividade examinando dados de receitas e custos em diferentes linhas de produtos, segmentos de clientes e localizações geográficas. Ao identificar as áreas de negócio mais e menos lucrativas, as empresas podem alocar recursos de forma mais eficiente e concentrar-se nas áreas que geram mais valor. ("12 melhores ferramentas de IA para contabilidade 2024: de algoritmos a ...")

Além disso, a IA pode ajudar na otimização do orçamento, analisando padrões históricos de despesas e identificando áreas de despesas excessivas ou inúteis. Pode sugerir ajustes e realocações para otimizar a alocação orçamentária, garantindo que os recursos sejam alocados nas áreas mais críticas para o crescimento e sucesso do negócio. ("12 melhores ferramentas de IA para contabilidade 2024: de algoritmos a ...")

3.2.1 Ferramentas que vem se destacando na parte de contabilidade e financeiras nas empresas brasileiras com a ia

O futuro das ferramentas de IA para contabilidade e no âmbito financeiro, está passando por uma mudança monumental, impulsionada pelas incríveis capacidades da inteligência artificial.

À medida que exploramos as melhores ferramentas de IA para contabilidade, fica claro que essas inovações estão simplificando processos, aumentando a eficiência e capacitando os contadores a se concentrarem em tarefas de nível superior. ("12 melhores ferramentas de IA para contabilidade 2024: de algoritmos a ...")

O futuro da contabilidade e da escrituração contábil e financeira está intimamente ligado à IA, e a adoção dessas ferramentas será essencial para manter uma vantagem competitiva no setor. Portanto, ao contemplar o potencial das ferramentas de IA para a contabilidade

a) **Atualmente, algumas das principais ferramentas de inteligência artificial que estão sendo amplamente utilizadas em empresas brasileiras incluem:**

Vamos falar sobre algumas ferramentas de software contábil que estão se destacando no Brasil, incluindo o Canvas, Domínio e soluções baseadas em nuvem.

1.Canvas

O **Canvas** é uma ferramenta de planejamento estratégico que ajuda empresas a visualizar e estruturar seus modelos de negócios. Embora não seja um software contábil por si só, ele é amplamente utilizado por escritórios de contabilidade para mapear processos e identificar áreas de melhoria. O Canvas permite que as empresas criem um mapa visual de seus negócios, facilitando a análise e a inovação.

2.Domínio

Domínio é uma solução de software contábil desenvolvida pela Thomson Reuters, amplamente utilizada no Brasil. Ele oferece uma gama completa de funcionalidades para contabilidade, fiscal, folha de pagamento e gestão empresarial. O Domínio é conhecido por sua integração eficiente, automação de processos e conformidade com as regulamentações fiscais brasileiras. A plataforma inclui módulos como Domínio Start, Domínio Plus e Domínio Premium, cada um adaptado a diferentes necessidades empresariais4.

Soluções em Nuvem

As soluções de software contábil baseadas em nuvem estão ganhando popularidade devido à sua flexibilidade e acessibilidade. Aqui estão algumas opções destacadas:

1. **Fortes Cloud:** Oferece sistemas contábeis e empresariais na nuvem, permitindo que os usuários acessem suas informações de qualquer lugar com segurança e eficiência.
2. **Tron:** Um sistema contábil na nuvem que automatiza processos e permite que as equipes trabalhem simultaneamente de qualquer lugar. É conhecido por sua facilidade de uso e integração com outras ferramentas empresariais.
3. **Domínio Web:** Uma extensão da plataforma Domínio, que oferece todas as funcionalidades do software contábil tradicional, mas com a flexibilidade e segurança da nuvem. Ele garante a integridade das informações e facilita o acesso remoto.
4. **Omie:** Uma plataforma de gestão empresarial completa, desenvolvida para facilitar o dia a dia das empresas de médio e pequeno porte. Omie oferece um ERP que integra todas as áreas da empresa, incluindo finanças, contabilidade, vendas, estoque e produção, tudo na nuvem.
5. **Siagri:** Especializada em soluções para o agronegócio, a Siagri oferece um ERP que unifica operações administrativas, financeiras, fiscais e operacionais. É ideal para distribuidores de insumos, cooperativas agrícolas e produtores rurais que desejam informatizar suas operações e melhorar a gestão.

Essas ferramentas estão revolucionando a maneira como as empresas brasileiras gerenciam suas finanças e contabilidade, trazendo mais eficiência, segurança e inovação para o setor.

4.2 : As Ferramentas Que Mudarão O Mundo da auditoria interna

"Inteligência Artificial fornecerá aos auditores internos uma ferramenta poderosa capaz não só de apoiar o seu papel, mas também de melhorar a forma como trabalham e, em última análise, ajudar as organizações a fortalecer seu ambiente de controle." ("Inteligência Artificial e o futuro da Auditoria Interna")

"As ferramentas de IA têm se destacado pela capacidade de compreender, interpretar e gerar conteúdos, permitindo não apenas analisar grandes quantidades de informações variadas, mas também interpretar instruções escritas ou faladas." ("Inteligência Artificial e o futuro da Auditoria Interna")

Esta sofisticação, combinada com a sua ampla acessibilidade, cria muitas oportunidades para a utilização indevida dos seus benefícios, e traz consigo riscos adicionais que devem ser avaliados e monitorados. A inteligência artificial (IA) está transformando a auditoria interna, trazendo maior eficiência, precisão e insights valiosos.

4.2.1 Algumas ferramentas de IA que estão sendo utilizadas na auditoria interna:

IBM Watson: Utiliza IA para análise preditiva e detecção de fraudes, ajudando a identificar anomalias e alertar sobre possíveis crises financeiras. É uma ferramenta poderosa para auditorias internas, fornecendo insights detalhados e precisos.

IBM Watson

Descrição: IBM Watson é uma plataforma de inteligência artificial que utiliza IA para análise preditiva e detecção de fraudes. É amplamente utilizada em diversos setores para identificar anomalias e alertar sobre possíveis crises financeiras.

Aplicações na Contabilidade

1. **Análise Preditiva**:
    - **Descrição**: IBM Watson usa algoritmos avançados para prever eventos futuros com base em dados históricos. Isso inclui a previsão de tendências financeiras, riscos e oportunidades.
    - **Benefícios**: Ajuda as empresas a se prepararem melhor para o futuro, identificando possíveis problemas antes que eles ocorram. Isso permite uma tomada de decisão mais informada e estratégica.

2. **Detecção de Fraudes**:
    - **Descrição**: IBM Watson monitora transações financeiras em tempo real para identificar atividades suspeitas. Utiliza aprendizado de máquina para detectar padrões incomuns que podem indicar fraudes.

- **Benefícios**: Aumenta a segurança financeira ao identificar e prevenir fraudes de maneira eficaz. Isso protege as empresas contra perdas financeiras significativas e danos à reputação.

3. **Auditorias Internas**:
   - **Descrição**: IBM Watson fornece insights detalhados e precisos para auditorias internas. Analisa grandes volumes de dados para identificar discrepâncias e áreas de risco.
   - **Benefícios**: Melhora a eficiência e a precisão das auditorias, permitindo que os auditores se concentrem em áreas de maior risco e tomem medidas corretivas rapidamente.

Benefícios Gerais

- **Precisão**: Aumenta a precisão na análise de dados e na detecção de fraudes.
- **Eficiência**: Reduz o tempo e o esforço necessários para realizar auditorias e análises financeiras.
- **Segurança**: Melhora a segurança financeira ao identificar e prevenir fraudes de maneira eficaz.

Essas aplicações do IBM Watson na contabilidade ajudam a transformar os processos financeiros, tornando-os mais eficientes, precisos e seguros

Microsoft Power BI: Uma ferramenta de análise de dados que pode ser usada para criar dashboards interativos e relatórios financeiros detalhados. Facilita a detecção de padrões incomuns e a análise de grandes volumes de dados.

Microsoft Power BI

Descrição: Microsoft Power BI é uma poderosa ferramenta de análise de dados que permite criar dashboards interativos e relatórios financeiros detalhados. É amplamente utilizada para transformar dados brutos em insights visuais e acionáveis.

Aplicações na Contabilidade

1. **Criação de Dashboards Interativos**:
   - **Descrição**: Power BI permite a criação de dashboards

personalizados que exibem dados financeiros em tempo real. Esses dashboards podem ser configurados para mostrar métricas importantes, como receitas, despesas, lucros e fluxos de caixa.

- **Benefícios**: Facilita a visualização e o monitoramento de dados financeiros, permitindo que os usuários identifiquem rapidamente tendências e anomalias.

2. **Relatórios Financeiros Detalhados**:
    - **Descrição**: Com Power BI, é possível gerar relatórios financeiros detalhados que incluem gráficos, tabelas e outras visualizações de dados. Esses relatórios podem ser facilmente compartilhados com stakeholders.
    - **Benefícios**: Melhora a comunicação e a transparência das informações financeiras, ajudando na tomada de decisões informadas.

3. **Detecção de Padrões Incomuns**:
    - **Descrição**: Power BI utiliza algoritmos de análise de dados para detectar padrões incomuns e anomalias nos dados financeiros. Isso pode incluir a identificação de transações suspeitas ou discrepâncias nos registros contábeis.
    - **Benefícios**: Aumenta a segurança financeira ao identificar possíveis fraudes ou erros, permitindo que as empresas tomem medidas corretivas rapidamente.

4. **Análise de Grandes Volumes de Dados**:
    - **Descrição**: Power BI é capaz de processar e analisar grandes volumes de dados de diversas fontes, como bancos de dados, planilhas e serviços em nuvem. Isso permite uma análise abrangente e detalhada dos dados financeiros.
    - **Benefícios**: Proporciona uma visão holística das finanças da empresa, ajudando a identificar oportunidades de melhoria e otimização.

Benefícios Gerais

- **Eficiência**: Reduz o tempo e o esforço necessários para analisar dados financeiros.

- **Precisão**: Aumenta a precisão das análises e relatórios financeiros.
- **Tomada de Decisões Informadas**: Melhora a qualidade das decisões estratégicas com base em dados precisos e insights visuais.

Essas aplicações do Microsoft Power BI na contabilidade ajudam a transformar os processos financeiros, tornando-os mais eficientes, precisos e estratégicos

Tableau: Ideal para visualização de dados, permite criar gráficos e dashboards que ajudam a identificar tendências e anomalias nos dados financeiros. É amplamente utilizado para monitoramento contínuo e geração de relatórios.

Tableau

Descrição: Tableau é uma ferramenta poderosa de visualização de dados que permite criar gráficos e dashboards interativos. É amplamente utilizada para transformar dados complexos em insights visuais e acionáveis.

Aplicações na Contabilidade

1. **Criação de Gráficos e Dashboards**:
   - **Descrição**: Tableau permite a criação de gráficos e dashboards personalizados que exibem dados financeiros em tempo real. Esses dashboards podem ser configurados para mostrar métricas importantes, como receitas, despesas, lucros e fluxos de caixa.
   - **Benefícios**: Facilita a visualização e o monitoramento de dados financeiros, permitindo que os usuários identifiquem rapidamente tendências e anomalias.

2. **Identificação de Tendências e Anomalias**:
   - **Descrição**: Tableau utiliza algoritmos de análise de dados para detectar padrões incomuns e anomalias nos dados financeiros. Isso pode incluir a identificação de transações suspeitas ou discrepâncias nos registros contábeis.
   - **Benefícios**: Aumenta a segurança financeira ao identificar possíveis fraudes ou erros, permitindo que as empresas tomem medidas corretivas rapidamente.

3. **Monitoramento Contínuo**:

- **Descrição**: Tableau permite o monitoramento contínuo dos dados financeiros, com atualizações em tempo real. Isso ajuda as empresas a manterem-se atualizadas sobre sua situação financeira e a tomar decisões informadas.
- **Benefícios**: Proporciona uma visão holística das finanças da empresa, ajudando a identificar oportunidades de melhoria e otimização.

4. **Geração de Relatórios**:
   - **Descrição**: Com Tableau, é possível gerar relatórios financeiros detalhados que incluem gráficos, tabelas e outras visualizações de dados. Esses relatórios podem ser facilmente compartilhados com stakeholders.
   - **Benefícios**: Melhora a comunicação e a transparência das informações financeiras, ajudando na tomada de decisões informadas.

Benefícios Gerais

- **Eficiência**: Reduz o tempo e o esforço necessários para analisar dados financeiros.
- **Precisão**: Aumenta a precisão das análises e relatórios financeiros.
- **Tomada de Decisões Informadas**: Melhora a qualidade das decisões estratégicas com base em dados precisos e insights visuais.

Essas aplicações do Tableau na contabilidade ajudam a transformar os processos financeiros, tornando-os mais eficientes, precisos e estratégicos

QuickBooks: Popular para contabilidade e gestão financeira, oferece funcionalidades avançadas para monitorar e analisar dados financeiros. Pode ser integrado com outras ferramentas de IA para melhorar a eficiência das auditorias internas.

QuickBooks

Descrição: QuickBooks é um software popular para contabilidade e gestão financeira, amplamente utilizado por pequenas e médias empresas. Ele oferece uma variedade de funcionalidades avançadas para monitorar e analisar dados financeiros.

Aplicações na Contabilidade

1. **Monitoramento e Análise de Dados Financeiros:**
   - **Descrição:** QuickBooks permite o monitoramento em tempo real das finanças da empresa, incluindo receitas, despesas, lucros e fluxos de caixa. Ele oferece ferramentas para criar relatórios financeiros detalhados e gráficos que ajudam a visualizar a saúde financeira da empresa.
   - **Benefícios:** Facilita a tomada de decisões informadas, permitindo que os usuários identifiquem rapidamente tendências e anomalias nos dados financeiros.

2. **Gestão de Contas a Pagar e a Receber:**
   - **Descrição:** QuickBooks automatiza a gestão de contas a pagar e a receber, ajudando a garantir que todas as transações sejam registradas corretamente e que os pagamentos sejam feitos e recebidos a tempo.
   - **Benefícios:** Melhora a eficiência operacional e reduz o risco de erros humanos, garantindo que as finanças da empresa estejam sempre em ordem.

3. **Integração com Outras Ferramentas de IA:**
   - **Descrição:** QuickBooks pode ser integrado com outras ferramentas de IA para melhorar a eficiência das auditorias internas. Por exemplo, pode ser combinado com softwares de análise preditiva e detecção de fraudes para fornecer insights mais detalhados e precisos.
   - **Benefícios:** Aumenta a segurança financeira e a precisão das auditorias, permitindo que os auditores identifiquem e resolvam problemas rapidamente.

4. **Automatização de Processos Contábeis:**
   - **Descrição:** QuickBooks automatiza muitos processos contábeis, como a entrada de dados, reconciliação de contas e geração de relatórios financeiros. "Isso reduz o tempo e o esforço necessários para realizar essas tarefas manualmente." ("Revolucionando a Topografia com IA | ChatGPT - toolify.ai")
   - **Benefícios:** Aumenta a eficiência e a precisão dos processos contábeis, liberando tempo para que os profissionais se concentrem em atividades mais

estratégicas.

Benefícios Gerais

- **Eficiência**: Reduz o tempo e o esforço necessários para gerenciar as finanças da empresa.
- **Precisão**: Aumenta a precisão dos dados financeiros e dos relatórios.
- **Tomada de Decisões Informadas**: Melhora a qualidade das decisões estratégicas com base em dados precisos e insights visuais.

Essas aplicações do QuickBooks na contabilidade ajudam a transformar os processos financeiros, tornando-os mais eficientes, precisos e estratégicos.

Xero: Outra excelente opção para contabilidade online, conhecida por sua interface amigável e funcionalidades avançadas de relatórios e análise financeira. É útil para auditorias internas devido à sua capacidade de integrar e analisar dados financeiros de forma eficiente.

Essas ferramentas são conhecidas por sua segurança e eficiência, ajudando a otimizar processos financeiros e melhorar a tomada de decisões.

Xero

Descrição: Xero é uma excelente opção para contabilidade online, conhecida por sua interface amigável e funcionalidades avançadas de relatórios e análise financeira. É amplamente utilizada por pequenas e médias empresas para gerenciar suas finanças de forma eficiente.

Aplicações na Contabilidade

1. **Interface Amigável**:
   - **Descrição**: Xero possui uma interface intuitiva e fácil de usar, que facilita a navegação e o uso das diversas funcionalidades do software.
   - **Benefícios**: Reduz a curva de aprendizado para novos usuários e melhora a eficiência no uso diário.
2. **Relatórios e Análise Financeira**:
   - **Descrição**: Xero oferece ferramentas avançadas para a criação de relatórios financeiros detalhados e a análise de dados financeiros. Os usuários podem gerar relatórios personalizados que incluem gráficos, tabelas e outras visualizações de dados.

- **Benefícios**: Melhora a transparência e a compreensão das finanças da empresa, ajudando na tomada de decisões informadas.

3. **Integração de Dados**:
    - **Descrição**: Xero pode ser integrado com outras ferramentas de IA e softwares financeiros, permitindo a análise e o monitoramento contínuo dos dados financeiros.
    - **Benefícios**: Facilita a detecção de padrões incomuns e anomalias, aumentando a segurança financeira e a precisão das auditorias internas.

4. **Auditorias Internas**:
    - **Descrição**: Xero é útil para auditorias internas devido à sua capacidade de integrar e analisar dados financeiros de forma eficiente. Ele permite que os auditores acessem facilmente todas as informações necessárias para realizar uma auditoria completa.
    - **Benefícios**: Aumenta a eficiência e a precisão das auditorias, permitindo que os auditores identifiquem e resolvam problemas rapidamente.

Benefícios Gerais

- **Segurança**: Xero é conhecido por suas robustas medidas de segurança, garantindo que os dados financeiros da empresa estejam protegidos contra acessos não autorizados.
- **Eficiência**: Reduz o tempo e o esforço necessários para gerenciar as finanças da empresa.
- **Tomada de Decisões Informadas**: Melhora a qualidade das decisões estratégicas com base em dados precisos e insights visuais.

Essas aplicações do Xero na contabilidade ajudam a transformar os processos financeiros, tornando-os mais eficientes, precisos e estratégicos.

Para mais informações, você pode conferir nas páginas Grant Thornton, PwC, e Management Solutions.

4.2.2 Ferramentas de inteligência artificial que vêm ganhando credibilidade na auditoria interna:

1. **IBM Watson:** Utiliza IA para análise preditiva e detecção de fraudes, ajudando a identificar anomalias e alertar sobre possíveis crises financeiras. É uma ferramenta poderosa para auditorias internas, fornecendo insights detalhados e precisos.

2. **Microsoft Power BI:** Uma ferramenta de análise de dados que pode ser usada para criar dashboards interativos e relatórios financeiros detalhados. Facilita a detecção de padrões incomuns e a análise de grandes volumes de dados.

3. **Tableau:** Ideal para visualização de dados, permite criar gráficos e dashboards que ajudam a identificar tendências e anomalias nos dados financeiros. É amplamente utilizado para monitoramento contínuo e geração de relatórios.

4. **Perinity:** Uma plataforma de GRC (Governança, Riscos e Conformidade) que está se destacando no Brasil. A Perinity oferece uma série de funcionalidades para melhorar a gestão de auditorias internas e riscos, incluindo a automação de processos, gestão centralizada, integração com gestão de riscos e compliance, monitoramento contínuo e geração de relatórios detalhados.

5. **Galileo:** Um gerenciador de auditoria integrada que consegue gerar relatórios completos para acompanhamento. Ele é capaz de extrair e analisar dados para identificar fraudes e inconformidades dentro da companhia.

6. **Octopo:** Ferramenta destinada à criação automática ou manual de planos de ação, auditoria de planograma de gerenciamento por categoria, bem como ao controle de metas e conformidades.

Essas ferramentas estão revolucionando a maneira como as auditorias internas são conduzidas, trazendo maior eficiência, precisão e insights valiosos.

4. Detalhando a aqui uma das ferramentas

A Perinity destaca-se como uma ferramenta de IA em auditorias internas devido à sua capacidade de gerenciar de forma estruturada, padronizada e centralizada a execução dos trabalhos de auditoria. A Perinity é uma plataforma de GRC (Governança, Riscos e Conformidade) que oferece diversas funcionalidades para melhorar a gestão de auditorias internas e riscos. Aqui estão alguns detalhes sobre a Perinity:

Funcionalidades Principais
1. **Gestão de Auditoria**: A Perinity gerencia de forma estruturada, padronizada e centralizada a execução dos trabalhos de auditoria, desde o planejamento até o relatório final. ("Gestão de Riscos | Perinity Brasil") Isso inclui a automação de processos repetitivos, como follow-ups e geração de relatórios, aumentando a produtividade dos auditores internos.
2. **Gestão de Riscos**: A plataforma permite gerenciar riscos de forma integrada e colaborativa, padronizando critérios de avaliação de riscos e controlando indicadores de maneira eficaz. Isso ajuda a priorizar riscos por criticidade e relevância, facilitando a tomada de decisões informadas.
3. **Integração com Gestão de Riscos e Compliance**: A Perinity possui módulos integrados que facilitam o trabalho das áreas de gestão de riscos e compliance com a área de auditoria interna, promovendo uma abordagem mais colaborativa e eficiente.
4. **Monitoramento Contínuo**: A plataforma permite o monitoramento contínuo de controles internos e a gestão de riscos críticos, garantindo a continuidade das operações de forma sustentável.
5. **Facilidade de Uso**: A Perinity é conhecida por sua interface amigável e fácil usabilidade, o que facilita a adoção e o uso eficiente da plataforma pelos usuários finais.

Benefícios
- **Automatização de Processos**: Reduz o tempo gasto em tarefas repetitivas e aumenta a eficiência operacional.
- **Centralização de Informações**: Facilita o acesso e a gestão de dados importantes em um único lugar.
- **Melhoria na Tomada de Decisões**: Fornece insights detalhados e precisos para apoiar decisões estratégicas.
- **Aumento da Produtividade**: Permite que os auditores se concentrem em atividades mais estratégicas e de maior valor agregado.

Recursos Adicionais
- **Notificações Automatizadas**: Automatiza notificações e follow-ups junto aos responsáveis pelos riscos, melhorando a comunicação e a resposta rápida.
- **Relatórios Detalhados**: Gera relatórios detalhados e precisos, economizando tempo e reduzindo a possibilidade de erros humanos.

Esses recursos tornam a Perinity uma ferramenta poderosa e eficiente para auditorias internas, ajudando as organizações a melhorar seus processos de controle e gestão de riscos. A Perinity é uma solução completa para empresas que buscam melhorar a eficiência e a eficácia de suas auditorias internas e gestão de riscos.

    Você pode acessar a plataforma Perinity através do site oficial https://www.perinity.com/pt/perinity

CAPÍTULO 5: BOAS PRÁTICAS DE SEGURANÇA PARA CONTABILIDADE COM IA

5.1 Princípios Básicos de Tecnologia da Informação

Entendimento de sistemas operacionais (Windows, Linux, macOS). Noções básicas sobre redes (TCP/IP, sub-redes, VLANs, roteadores, switches). Familiaridade com bancos de dados e armazenamento. ("Um guia abrangente para iniciantes na área de cibersegurança.")

1. Conceitos de Segurança

Compreensão do triângulo CIA: Confidencialidade, Integridade e Disponibilidade. Conhecimento sobre tipos de ameaças: malware, phishing, ataques man-in-the-middle etc.

Familiaridade com a diferença entre vulnerabilidades, ameaças e riscos.

2. Criptografia

Entender os conceitos básicos de criptografia simétrica e assimétrica.

"Familiaridade com protocolos de criptografia comuns e uso de certificados." ("Um guia abrangente para iniciantes na área de cibersegurança.")

3. Redes e Monitoramento

Familiaridade com ferramentas como Wireshark e Nmap.

Compreensão de firewalls, IDS/IPS, e VPNs.

4. Segurança Física

"A importância de controlar o acesso físico a áreas e dispositivos críticos." ("Um guia abrangente para iniciantes na área de cibersegurança.")

Proteção contra ameaças físicas, como tailgating e dumpster diving.

5.Gestão de Identidade e Acesso

Autenticação, autorização e contabilidade (AAA).

Controle de acesso baseado em função (RBAC) e controle de acesso discricionário (DAC).

Resposta a Incidentes

Etapas básicas para responder a um incidente de segurança.

"Construção e manutenção de um plano de resposta a incidentes." ("Um guia abrangente para iniciantes na área de cibersegurança.")

6.Legislação e Ética

"Leis e regulamentos relacionados à cibersegurança (por exemplo, GDPR, LGPD, CCPA)." ("Um guia abrangente para iniciantes na área de cibersegurança.")

Código de ética em cibersegurança e hacking ético.

Desenvolvimento Seguro

Práticas básicas de codificação segura.

Compreensão das vulnerabilidades comuns de desenvolvimento, como as listadas no OWASP Top 10.

7.Cloud e Virtualização

Segurança em ambientes de nuvem (IaaS, PaaS, SaaS).

Conceitos básicos de virtualização e seus desafios de segurança.

5.1.1.Segurança de Dados

A segurança de dados é um aspecto crucial na contabilidade, especialmente com o uso crescente de tecnologias avançadas como a inteligência artificial (IA). Aqui estão algumas abordagens e estratégias para proteger informações confidenciais e garantir a privacidade dos dados:

Proteção de Informações Confidenciais e Garantia da Privacidade dos Dados: Para proteger informações confidenciais e garantir a privacidade dos dados, é essencial implementar práticas robustas de segurança. Isso inclui a coleta ética de dados, garantindo que apenas as informações estritamente necessárias sejam coletadas e que estejam em conformidade com regulamentações como a Lei Geral de Proteção de Dados (LGPD), além disso, técnicas de anonimato e criptografia devem ser utilizadas para proteger dados pessoais, garantindo que apenas pessoas autorizadas possam acessá-los.

5.1.2. Estratégias para Evitar Vazamentos e Ataques Cibernéticos: Para evitar vazamentos e ataques cibernéticos, é fundamental adotar uma abordagem proativa na avaliação e mitigação de riscos. Isso envolve a revisão e avaliação regular dos riscos associados ao uso da IA na contabilidade, bem como a implementação de governança de dados rigorosa para garantir a qualidade e segurança dos dados, além disso, é importante garantir que as tecnologias de IA utilizadas estejam seguras e em conformidade com as melhores práticas de cibersegurança.

Essas práticas ajudam a criar um ambiente seguro e confiável para o uso da IA na contabilidade, protegendo tanto os dados dos clientes quanto a integridade das operações contábeis, conforme demonstrado a seguir:

Coleta Ética de Dados

- Certifique-se de coletar dados de forma ética e em conformidade com regulamentações, como a LGPD (Lei Geral de Proteção de Dados).
- Colete apenas os dados estritamente necessários para as operações contábeis.

Anonimato e Criptografia

- Utilize técnicas de anonimato para proteger dados pessoais.
- Criptografe informações sensíveis para garantir que somente pessoas autorizadas possam acessá-las.

Avaliação e Mitigação de Riscos

- Revise e avalie regularmente os riscos associados à IA na contabilidade.
- Tome decisões rápidas para reduzir riscos identificados pela IA.

Governança de Dados e Tecnologias de IA

- Implemente governança de dados rigorosa para garantir a qualidade e segurança dos dados.
- Garanta que as tecnologias de IA utilizadas estejam seguras e em conformidade com as melhores práticas de cibersegurança.
2. Como a IA pode ajudar na contabilidade consultiva para proteger os dados dos empresários e garantir que não sejam vazados.

Proteção de Dados na Contabilidade Consultiva com IA

A inteligência artificial (IA) oferece diversas ferramentas e técnicas que podem ajudar a proteger os dados dos empresários na contabilidade consultiva. Aqui estão algumas maneiras pelas quais a IA pode garantir a segurança dos dados:

- **1. Detecção de Anomalias e Fraudes** A IA pode analisar grandes volumes de dados contábeis em tempo real e identificar padrões incomuns ou suspeitos que possam indicar fraudes ou atividades maliciosas. Algoritmos de aprendizado de máquina são treinados para detectar anomalias e alertar os profissionais contábeis sobre possíveis riscos antes que se tornem problemas graves1.
- **2. Criptografia de Dados** A IA pode ser utilizada para implementar técnicas avançadas de criptografia, garantindo que os dados sensíveis sejam protegidos durante a transmissão e o armazenamento. Isso impede que informações confidenciais sejam acessadas por pessoas não autorizadas2.
- **3. Autenticação e Controle de Acesso** Sistemas de IA podem reforçar a segurança através de métodos de autenticação multifator e controle de acesso baseado em comportamento. Isso garante que apenas usuários autorizados possam acessar informações sensíveis e que qualquer tentativa de acesso não autorizado seja rapidamente detectada e bloqueada2.
- **4. Monitoramento Contínuo** A IA permite o monitoramento contínuo dos sistemas contábeis, identificando e respondendo rapidamente a qualquer atividade suspeita. Isso inclui a análise de logs de acesso, detecção de tentativas de invasão e resposta a incidentes de segurança em tempo real2.
- **5. Conformidade com Regulamentações** A IA pode ajudar as empresas a garantir conformidade com regulamentações de proteção de dados, como a Lei Geral de Proteção de Dados (LGPD). Isso inclui a automação de processos de conformidade, auditorias regulares e a implementação de políticas de privacidade robustas2.
- **6. Backup e Recuperação de Dados** Sistemas de IA podem automatizar o processo de backup e recuperação de dados, garantindo que informações críticas sejam regularmente copiadas e possam ser restauradas rapidamente em caso de perda ou corrupção de dados2.

Essas práticas ajudam a criar um ambiente seguro e confiável para o uso da IA na contabilidade consultiva, protegendo tanto os dados dos clientes quanto a integridade das operações contábeis

CAPÍTULO 6: AMEAÇAS À SEGURANÇA DA INTELIGÊNCIA ARTIFICIAL (IA) NA CONTABILIDADE

6.1 As principais ameaças à segurança da **Inteligência Artificial (IA)** na contabilidade incluem:

1.1. Malware:
- Malware, como vírus e cavalos de Troia, podem comprometer sistemas contábeis e roubar sensíveis.

2. Ransomware:
- Ataques de ransomware podem criptografar dados contábeis e exigir resgate para desbloqueá-los.

1.3 Spyware:
- Spyware pode infiltrar-se em sistemas contábeis e coletar informações confidenciais sem o conhecimento do usuário.

2. Phishing:
- E-mails de phishing enganosos podem levar os usuários a divulgar informações confidenciais, comprometendo a segurança dos dados.

3. Vulnerabilidades de Rede:
- Falhas na segurança da rede podem permitir acesso não autorizado aos dados contábeis.

3. Softwares Desatualizados:
- Softwares sem atualizações podem conter vulnerabilidades que os tornam suscetíveis a ataques.

4. Ausência de Política de Segurança da Informação:
- A falta de uma política bem estruturada pode deixar lacunas

na proteção dos dados.

6.2 Exploração de Vulnerabilidades em Sistemas:
- Agentes mal-intencionados podem usar a IA para identificar e explorar vulnerabilidades em sistemas contábeis.

Agentes mal-intencionados podem, de fato, usar a inteligência artificial (IA) para identificar e explorar vulnerabilidades em sistemas contábeis. Aqui estão alguns exemplos claros de como isso pode ocorrer:

Exploração de Vulnerabilidades: Agentes mal-intencionados podem usar IA para analisar grandes volumes de dados e identificar padrões que revelem vulnerabilidades em sistemas contábeis. Por exemplo, eles podem detectar falhas em protocolos de segurança ou identificar pontos fracos em processos de autenticação.

Ataques Automatizados: A IA pode ser usada para automatizar ataques cibernéticos, tornando-os mais rápidos e difíceis de detectar. Um exemplo é o uso de algoritmos de aprendizado de máquina para criar malware que se adapta e evolui para evitar detecção por sistemas de segurança tradicionais1.

Phishing e Engenharia Social: A IA pode ser utilizada para criar e-mails de phishing altamente personalizados, os quais são mais difíceis de identificar como fraudulentos. Esses e-mails podem enganar funcionários para que revelem informações confidenciais ou cliquem em links maliciosos.

Análise de Comportamento: Agentes mal-intencionados podem usar IA para monitorar e analisar o comportamento dos usuários num sistema contábil. Isso pode ajudá-los a identificar padrões de uso que podem ser explorados para obter acesso não autorizado a dados sensíveis.

Esses exemplos mostram como a IA pode ser uma ferramenta poderosa tanto para proteger quanto para comprometer a segurança dos sistemas contábeis. É crucial que as empresas adotem medidas robustas de segurança para mitigar esses riscos.

Para proteger a segurança da IA na contabilidade, é essencial implementar medidas preventivas, manter softwares atualizados e conscientizar os usuários sobre o uso dados.

6.3 — Orientação em segurança cibernética

— Como posso treinar minha equipe em segurança cibernética?

Treinar sua equipe em segurança cibernética é essencial para proteger sua empresa contra ameaças digitais. Aqui estão algumas **melhores práticas** para treinamento:

1. **Reconhecimento de Ataques de Phishing**:
    - Treine seus funcionários para identificar e evitar **ataques de phishing**.
    - E-mails falsos podem enganar os usuários, levando-os a divulgar informações confidenciais
2. **Fortalecimento de Senhas**:
    - Incentive o uso de **senhas fortes** para proteger contas de e-mail e sistemas.
    - "Senhas complexas são a primeira linha de defesa contra invasões." ("Segurança de Rede: O que é, tipos e como proteger a sua empresa")
3. **Investimento em Treinamento Contínuo**:
    - Ofereça **treinamento regular** sobre segurança cibernética.
    - Mantenha a equipe atualizada sobre as últimas ameaças e técnicas de proteção. ("Sistemas de Detecção de Intrusão (IDS) - Blog QD7")
4. **Cultura de Segurança**:
    - Crie uma **cultura de segurança** na empresa.
    - Todos devem estar cientes da importância da segurança e se sentir responsáveis por proteger os dados.
5. **Simulações de Ataques**:
    - Realize **ataques simulados** para testar a prontidão da equipe.
    - Isso ajuda a identificar áreas de melhoria e aprimorar a resposta a incidentes.

Lembre-se de que a segurança cibernética é uma jornada contínua. ("Navegando pelo cenário de segurança cibernética: Uma análise detalhada ...") Treine sua equipe regularmente e esteja preparado para enfrentar os desafios digitais.

6.3.1 crime cibernético popular

O **ataque de phishing** é um tipo de crime cibernético popular. ("O que é Phishing? Tipos, exemplos e como se proteger - CNN Brasil")
O **ataque de phishing** é um tipo de crime cibernético popular no qual os criminosos tentam obter informações confidenciais, como senhas, números de cartão de crédito, informações bancárias ou outros dados pessoais, fingindo ser uma entidade confiável. Os golpistas se passam, por exemplo, como organizações legítimas, como bancos, empresas de comércio eletrônico, serviços de pagamento ou provedores de serviços online populares. ("O que é Phishing? Tipos, exemplos e como se proteger - CNN Brasil")
O principal objetivo do phishing é enganar as vítimas e, assim, obter informações confidenciais ou fazer com que essas pessoas realizem ações prejudiciais, como clicar em links maliciosos, abrir anexos infectados por malware ou fornecer dados pessoais em sites falsos. No geral, táticas psicológicas, como urgência, medo ou recompensa, são usadas para manipular as pessoas e fazê-las agir rapidamente, sem suspeitar da autenticidade da comunicação.
"O termo "phishing" tem origem na palavra em inglês "fishing" (pesca), devido à semelhança entre as táticas utilizadas pelos criminosos cibernéticos e a prática de pescar." ("O que é Phishing? Tipos, exemplos e como se proteger - CNN Brasil")
Ele se combina com "freais", termo usado para se referir aos primeiros hackers da internet. A grafia "ph" foi usada para vincular golpes de phishing a essas comunidades clandestinas. <u>Os golpistas empregam essa estratégia para obter ilegalmente as informações das vítimas que caem na armadilha criada pelo phisher (ou "pescador"), termo utilizado para descrever aqueles que realizam ataques de phishing. ("O que é Phishing? Tipos, exemplos e como se proteger - CNN Brasil")</u>
<u>Para se proteger contra phishing, é essencial estar ciente das táticas usadas pelos criminosos e adotar medidas preventivas. Aqui estão algumas dicas importantes:</u>
1. **<u>Verifique a autenticidade das comunicações</u>**: <u>Sempre desconfie de e-mails, mensagens ou telefonemas que solicitam informações pessoais ou financeiras. Verifique a autenticidade da comunicação entrando em contato diretamente com a empresa ou instituição.</u>

2. **Não clique em links suspeitos**: Evite clicar em links ou abrir anexos de e-mails de remetentes desconhecidos ou não confiáveis. Esses links podem levar a sites falsos ou baixar malware em seu dispositivo.
3. **Use software de segurança**: Mantenha seu software antivírus e antimalware atualizado para proteger seu dispositivo contra ameaças conhecidas. ("Cuidados com Fraude, Vírus e Sequestro de Dados ao Receber E-mails - Gnew")
4. **Eduque-se sobre táticas de phishing**: Esteja ciente das táticas psicológicas usadas pelos criminosos, como urgência, medo ou recompensa, para manipular as vítimas. Isso ajudará a reconhecer tentativas de phishing e agir com cautela.
5. **Habilite a autenticação de dois fatores (2FA)**: Sempre que possível, habilite a autenticação de dois fatores em suas contas online. Isso adiciona uma camada extra de segurança, tornando mais difícil para os criminosos acessarem suas informações. ("Como os criminosos estão utilizando IA para dar golpes - Antlia")
6. **Monitore suas contas regularmente**: Verifique regularmente suas contas bancárias e de cartão de crédito para detectar qualquer atividade suspeita. ("O que é: Fraude bancária - Software Jurídico") Relate imediatamente qualquer transação não autorizada.

6.3.2 Como identificar um ataque de phishing

Identificar um ataque de phishing para proteger-se contra fraudes online. Aqui estão algumas dicas para reconhecer esses golpes:

1. **Analise o Remetente**:
   - Verifique o endereço de e-mail do remetente. **Desconfie** de domínios estranhos ou erros de digitação.
   - **Não clique** em links de e-mails suspeitos.

2. **Mensagens Urgentes ou Alarmantes**:
   - **Cuidado** com e-mails que criam urgência, como "sua conta será bloqueada" ou "ação necessária imediatamente".
   - Golpistas usam o medo para induzir ações precipitadas.
   - **Solicitação de Informações Pessoais: Nunca** forneça senhas, números de cartão de crédito ou dados pessoais por e-mail.

- Empresas legítimas **não** pedem essas informações via e-mail.

3. **Links Suspeitos**:
    - Passe o mouse sobre os links para ver o destino real. **Não clique** se parecer suspeito.
    - Verifique se o site usa **HTTPS** (mais seguro) em vez de HTTP.
4. **Ofertas não reais (Irrealizas)**:
    - **E-mails prometendo prêmios**, dinheiro fácil ou oportunidades incríveis são **suspeitos**.

Desconfie de mensagens que parecem boas demais para ser verdade.

6.3.3 Casos reais de empresas que já tiveram prejuízos com crimes cibernéticos que se encontra público.(informações públicas que não estão sobre sigilo)

Os ataques cibernéticos têm causado prejuízos significativos a grandes corporações ao longo dos anos.

6.3.3.1 Aqui estão alguns casos concretos de ataques cibernéticos que resultaram em grandes prejuízos:

— **Ataque ao Yahoo em 2013:** Este ataque comprometeu 3 bilhões de contas, vazando dados como nomes, endereços de e-mail e senhas. A situação se repetiu em 2014, afetando 500 milhões de contas. O público só ficou sabendo da situação em 2016, após a Verizon ter comprado o Yahoo.

— **Ataques à Sony em 2011 e 2014:** Em 2011, a Sony sofreu um ataque de negação de serviço (DDoS) e, em seguida, teve dados vazados dos 77 milhões de usuários da PlayStation Network. Em 2014, a Sony foi novamente alvo de um ataque cibernético, desta vez focado em sua divisão de cinema. O ataque resultou no vazamento de 100 TB de dados confidenciais. ("Os 6 maiores ataques cibernéticos da história - Canaltech")

— **Ataque ao eBay em 2014:** O site de leilões e vendas eBay sofreu um ataque cibernético severo em 2014, que resultou no comprometimento de dados de 140 milhões de usuários, incluindo e-mails e senhas.

— **Ataque Amaury em 2017:** Este ransomware se espalhou globalmente, afetando empresas, instituições públicas e pessoas físicas. O ataque Capítulo 5: AUS$ 4 bilhões.

— **Crimes Cibernético golpe conhecido como "mão, fantasma":** nesse golpe, criminosos invadem os celulares das vítimas, induzindo-as a instalar programas maliciosos e, em seguida, fazem transferências das contas delas. A operação que investiga movimentações de R$ 90 milhões em golpes, incluindo o golpe conhecido como "mão, fantasma", está sendo realizada em Santa Catarina e outros seis estados, uma operação contra três organizações criminosas investigadas por mais de 250 fraudes cibernéticas só em Santa Catarina. "Ao todo, são cumpridos 34 mandados de prisão preventiva e 73 de busca e apreensão em sete estados." ("R$ 90 milhões em golpes: Operação que teve 34 mandados de ... - Athena")

Esses exemplos mostram como até mesmo grandes corporações com muitos recursos podem ser vulneráveis a ataques cibernéticos, resultando em prejuízos financeiros e danos à reputação.

6.3.3.2 dados vasados e crimes cibernético em redes sociais

estão algumas informações sobre vazamentos de dados e crimes cibernéticos relacionados ao Facebook, Instagram, Google e X:

1. **Facebook**:
    - Em 2018 e 2019, o Facebook sofreu grandes vazamentos de dados. Em 2018, criminosos tiveram acesso às contas de 29 milhões de pessoas. Em 2019, um outro vazamento expôs senhas de 22 mil contas e movimentações nas redes de 540 milhões de usuários[1]. ("Facebook é condenado por vazar dados; veja como pedir ... - TecMundo")
    - Em 2021, dados de cerca de 533 milhões de usuários do Facebook foram roubados e vazados na internet. O vazamento incluiu números de telefone, nomes completos, localizações, datas de nascimento, biografias e, em alguns casos, até mesmo o e-mail das pessoas[2]. ("Dados roubados de meio bilhão de usuários do Facebook ... - CNN Brasil")
2. **Instagram**:
    - Uma falha de configuração em um banco de dados causou o vazamento de mais de 400 GB de informações públicas e privadas, expondo 214 milhões de usuários do Facebook, Instagram, LinkedIn e outras redes sociais[3].

3. **Google**:
    - Não encontrei informações específicas sobre vazamentos recentes de dados ou crimes cibernéticos relacionados ao Google nos resultados da pesquisa.
4. **X (anteriormente conhecido como Twitter)**:
    - Não encontrei informações específicas sobre vazamentos recentes de dados ou crimes cibernéticos relacionados ao X nos resultados da pesquisa.

6.3.3.3 informações sobre vazamentos de dados e crimes cibernéticos relacionados a contas do governo, Facebook e outras plataformas, bem como as medidas tomadas para ressarcir os prejudicados:

Do seu documento: O documento atual menciona a importância da segurança na utilização da IA tratando dos riscos de crimes cibernéticos. Ele destaca que a IA pode ser uma aliada na detecção de fraudes e na análise preditiva, ajudando a prevenir crises financeiras e a proteger dados sensíveis.

Da web:
1. **Governo**:
    - O Gabinete de Segurança Institucional (GSI) alertou o governo sobre o aumento dos casos de vazamento de credenciais de acesso a sistemas do governo. ("Vazamento de dados: GSI emitiu alerta ao governo e recomendou aumentar ...") Em resposta, recomendou a adoção de protocolos de segurança mais rigorosos, como a autenticação multifator (MFA) e o uso de certificados digitais para processos de login com privilégios elevados3.
    - A Polícia Federal abriu um inquérito para apurar uma invasão ao Sistema Integrado de Administração Financeira (Siafi) do governo federal. Há suspeitas de que recursos da União possam ter sido transferidos ilegalmente por meio de emissão de ordens bancárias3.
2. **Facebook**:
    - Em 2021, dados de cerca de 533 milhões de usuários do Facebook foram roubados e vazados na internet. O vazamento incluiu números de telefone, nomes completos, localizações, datas de nascimento, biografias e, em alguns casos, até mesmo o e-mail das pessoas4. ("Dados roubados de meio bilhão de usuários do Facebook ... - CNN Brasil")

3. **Instagram**:
    - Uma falha de configuração em um banco de dados causou o vazamento de mais de 400 GB de informações públicas e privadas, expondo 214 milhões de usuários do Facebook, Instagram, LinkedIn e outras redes sociais5.
4. **Google**:
    - Não encontrei informações específicas sobre vazamentos recentes de dados ou crimes cibernéticos relacionados ao Google nos resultados da pesquisa.
5. **X (anteriormente conhecido como Twitter)**:
    - Não encontrei informações específicas sobre vazamentos recentes de dados ou crimes cibernéticos relacionados ao X nos resultados da pesquisa.

fontes: CNN Brasil 4: CNN Brasil 5: Business Insider 1: Documento atual 2: Documento atual

6.3.4 Formas mais diretas de bloquear a criação de e-mails fraudulentos em seu nome

existem formas mais diretas de bloquear a criação de e-mails fraudulentos em seu nome, mas a implementação dessas medidas geralmente depende dos provedores de serviços de e-mail e das instituições que lidam com dados pessoais. Aqui estão algumas soluções:

1. **Provedores de E-mail**: Muitos provedores de e-mail oferecem configurações avançadas de segurança, como bloquear domínios ou endereços específicos. Verifique as opções de segurança disponíveis nas configurações do seu provedor de e-mail.
2. **Serviços de Proteção de Identidade**: Existem serviços de proteção de identidade que monitoram o uso do seu nome e informações pessoais na internet e em registros públicos. Eles podem alertá-lo sobre atividades suspeitas e ajudar a bloquear acessos não autorizados.
3. **Leis e Regulamentações**: Em alguns lugares, há leis que protegem contra o uso não autorizado de informações pessoais. Você pode reportar incidentes às autoridades locais de proteção de dados ou órgãos de defesa do consumidor.
4. **Consulte Especialistas**: Se você está enfrentando problemas recorrentes com e-mails fraudulentos, pode valer a pena consultar um especialista em cibersegurança. Eles podem oferecer soluções personalizadas e mais robustas para proteger suas informações.

Essas estratégias podem exigir algum tempo e esforço para serem implementadas, mas são eficazes para proteger sua identidade e suas informações pessoais

a) como me proteger que criam vários Email no meu nome

Para proteger seu nome e identidade contra a criação de múltiplos e-mails fraudulentos, você pode tomar algumas medidas importantes:

1. **Monitore Seus Dados Pessoais**: Use serviços de monitoramento de crédito que alertam quando seu nome ou CPF são usados para abrir contas novas.

2. **Autenticação de Dois Fatores (2FA)**: Habilite a 2FA em todas as suas contas de e-mail. ("Perigos da Internet e como se proteger - SAN") Isso adiciona uma camada extra de segurança, exigindo não apenas uma senha, mas também um código de autenticação enviado ao seu celular. ("7 dicas para evitar ser hackeado – Fatos Desconhecidos")

3. **Senha Forte**: Utilize senhas únicas e complexas para cada uma de suas contas de e-mail. Uma combinação de letras, números e caracteres especiais é ideal. ("Senha padrão? 20 combinações que você não deve usar nas ... - TechTudo")

4. **Educação em Segurança**: Esteja atento a tentativas de phishing e outros tipos de ataques cibernéticos. "Nunca clique em links suspeitos ou forneça suas informações pessoais sem verificar a fonte." ("Qual o código para saber se o celular está grampeado? - Meu Banco Digital")

5. **Reportar Abusos**: Se você souber que alguém está criando e-mails falsos usando seu nome, reporte imediatamente ao provedor de serviços de e-mail e às autoridades competentes.

Essas medidas ajudam a proteger a sua identidade e reduzir o risco de fraudes.

b) Aplicativos que ajudam identificar falsos e-mails falsos e perfis:

- **Bumble** lançou uma ferramenta chamada **Deception Detector**, que usa inteligência artificial para identificar perfis falsos e golpes.

- **Gatefy**, que oferece dicas e ferramentas para detectar e-mails maliciosos e perfis falsos.

6.3.5 aplicativos que avisam se seu CPF foi incluído na internet

há algumas opções disponíveis.

6.3.5.1 Que usa reconhecimento facial

A plicativos que avisam se seu CPF foi incluído na internet, há algumas opções disponíveis que usa reconhecimento facial para identificar perfis falsos e pode ajudar a proteger contra fraudes online. Além disso, você pode usar ferramentas de busca reversa de imagens, para descobrir a origem de fotos e verificar se seu CPF está sendo usado em perfis falsos

- FaceCheck ID- Que usa reconhecimento facial para identificar perfis falsos e pode ajudar a proteger contra fraudes online.

O FaceCheck ID é uma ferramenta útil para proteger sua identidade e detectar perfis falsos. Ele utiliza tecnologia de reconhecimento facial para identificar se suas fotos estão sendo usadas sem permissão em outras contas de mídia social ou em sites. Se ele detectar um uso não autorizado, você pode tomar medidas para denunciar e remover esses perfis falsos.

- Reverse Image Search - você pode usar ferramentas de busca reversa de imagens, como para descobrir a origem de fotos e verificar se seu CPF está sendo usado em perfis falso

Aqui estão mais algumas alternativas e ferramentas que podem ser úteis:

1. **TinEye:** Um motor de busca reversa de imagens que permite carregar uma foto e ver onde ela está sendo usada online.
2. **PimEyes:** Outra ferramenta de busca reversa de imagens que usa reconhecimento facial para encontrar todas as aparições de suas fotos na internet.
3. **Google Reverse Image Search:** Ferramenta do Google que permite buscar a origem de uma imagem e descobrir onde ela foi publicada.
4. **Social Catfish:** Um serviço que ajuda a verificar a autenticidade de perfis online e a descobrir se suas imagens estão sendo usadas fraudulentamente.
5. **Clearview AI:** Utilizado por autoridades para identificar indivíduos em fotos e vídeos, esta ferramenta pode ser utilizada para proteger sua identidade digital.

Estas ferramentas podem oferecer uma camada adicional de segurança e ajudar a manter suas informações pessoais protegidas

6.3.5.1 Aqui estão mais algumas alternativas para proteger seu CPF e identificar se ele foi incluído na internet:

1. **Have I Been Pwned:** Esta plataforma gratuita permite verificar se suas informações pessoais, como CPF e senhas, foram expostas em vazamentos de dados. Basta inserir seu e-mail para receber alertas.

2. **Serasa Antifraude:** O Serasa oferece serviços de monitoramento de crédito e proteção ao CPF. Você pode verificar se há movimentações suspeitas ou dívidas indevidas associadas ao seu CPF.

3. **Consumidor Positivo:** Este serviço permite consultar o histórico de crédito e verificar se seu CPF está sendo usado de forma indevida.

4. **Registrato do Banco Central:** O sistema Registrato permite monitorar as contas bancárias associadas ao seu CPF e verificar movimentações desconhecidas.

5. **DataPrev:** Se você suspeita que seu CPF foi usado para solicitar auxílio emergencial, você pode consultar a página do DataPrev para verificar se há solicitações ilegais com seu nome.

6. **Confi:** Este aplicativo detecta quando seu CPF foi utilizado em transações e envia notificações caso registre compras indevidas.

Essas ferramentas podem ajudar a manter sua identidade segura e alertá-lo sobre qualquer uso indevido do seu CPF.

6.3.6 Essas medidas ajudam a proteger suas contas nas redes sociais e detectar atividades fraudulentas e aplicativos que ajudam a se proteger

6.3.6.1 proteger suas contas nas redes sociais e detectar atividades fraudulentas

Instagram

- Autenticação de Dois Fatores (2FA): Adiciona uma camada extra de segurança, exigindo uma segunda forma de verificação. ("O que é Segurança Cibernética? - Te Dou Uma Dica")

- Alertas de Tentativa de Login: Notifica quando alguém tenta acessar sua conta de um dispositivo não reconhecido.

- Verificação de Segurança: Orienta os usuários nos passos para proteger suas contas em caso de suspeita de invasão.

- E-mails do Instagram: Ajuda os usuários a identificar e-mails genuínos da plataforma.

LinkedIn

- Autenticação de Dois Fatores (2FA): Adiciona uma camada extra de segurança. ("Autenticação De Dois Fatores (2FA): Entenda O Que É Sua Função - HLTI")
- Criptografia de Dados: Protege os dados em trânsito e em repouso. ("Segurança da Informação e Gestão de Riscos: Práticas Essenciais para ...")
- Proteção de Rede: Utiliza detecção de intrusões, firewalls e testes de penetração regulares.
- Boas Práticas de Segurança: Incentiva senhas fortes e o reporte de atividades suspeitas.

Twitter x

- Autenticação de Dois Fatores (2FA): Adiciona uma camada extra de segurança. ("Autenticação De Dois Fatores (2FA): Entenda O Que É Sua Função - HLTI")
- Verificação de Login: Alerta sobre tentativas de login de dispositivos não reconhecidos.
- Privacidade de Tweets: Permite que apenas seus seguidores vejam seus tweets.
- Painel de Segurança de Conta: Mostra atividades de login recentes e dispositivos conectados.

WhatsApp

- Criptografia de Ponta a Ponta: Garante que apenas você e a pessoa com quem está se comunicando possam ler as mensagens. ("WhatsApp: suas mensagens "privadas" são privadas mesmo? - McAfee")
- Verificação em Duas Etapas: Adiciona uma camada extra de segurança ao exigir um PIN ao registrar seu número. ("7 dicas para deixar o seu WhatsApp mais Seguro - Medium")

- Notificações de Segurança: Alerta caso o código de segurança de um contato tenha mudado.

Facebook

- Autenticação de Dois Fatores (2FA): Adiciona uma camada extra de segurança. ("Autenticação De Dois Fatores (2FA): Entenda O Que É Sua Função - HLTI")
- Alertas de Login: Notifica sobre logins de dispositivos não reconhecidos.
- Verificação de Segurança: Guia os usuários nos passos para proteger suas contas.
- Mensagens Criptografadas: Garante que as mensagens são seguras e privadas.

6.3.6.2 aplicativos para ajudar a se proteger

Aqui estão alguns aplicativos que podem ajudar a bloquear spam e golpes em diferentes plataformas:

Instagram

- **Avast BreachGuard**: Identifica e bloqueia golpes de phishing.
- **Kaspersky Internet Security**: Filtra mensagens suspeitas e bloqueia páginas de phishing.

LinkedIn

- **SpamGuard for LinkedIn**: Bloqueia mensagens de spam e perfis suspeitos.
- **LinkedIn Protect**: Monitora e bloqueia atividades suspeitas na sua conta.

Twitter

- **Blockade**: Bloqueia spam e golpes diretamente na sua lista de seguidores.
- **SpamBlocker for Twitter**: Identifica e bloqueia tweets e mensagens de spam.

WhatsApp

- **Norton Mobile Security**: Protege contra mensagens de spam e golpes.

- **WhatsApp Guard**: Bloqueia números e mensagens suspeitas.

Facebook

- **Avira Free Security Suite**: Filtra spam e bloqueia golpes.
- **Bitdefender Antivirus Free**: Protege contra mensagens de phishing e spam.

Esses aplicativos podem ajudar a manter suas contas seguras e livres de spam e golpes

CAPÍTULO 7: LEIS QUE REGULAMENTAM A IA INTELIGÊNCIA ARTIFICIAL NO BRASIL – LEIS DE CRIMES CIBERNÉTICOS

No Brasil, a regulamentação da inteligência artificial (IA) ainda está em desenvolvimento, mas algumas leis e regulamentos importantes já existem. Aqui estão alguns pontos que você pode considerar:

7.1 Leis que regulamentam a IA no Brasil

1. **Marco Civil da Internet:** Embora não seja específico para IA, o Marco Civil estabelece princípios fundamentais para a internet no Brasil, incluindo a proteção de dados pessoais.

2. **Lei Geral de Proteção de Dados Pessoais (LGPD):** Esta lei regula a coleta, armazenamento e uso de dados pessoais, o que é crucial para sistemas de IA que lidam com informações pessoais.

3. **Resolução nº 31/2018 do CONAR:** Esta resolução aborda a publicidade em plataformas digitais, incluindo a utilização de IA para publicidade direcionada.

7.2 Leis de proteção aos crimes cibernéticos

1. **Lei nº 12.737/2013:** Conhecida como Lei Carolina Dieckmann, esta lei trata especificamente de crimes contra a honra e a intimidade, incluindo a disseminação não autorizada de imagens íntimas.

2. **Lei nº 11.788/2008:** Esta lei trata do acesso a sistemas de informação e dispositivos, criminalizando o acesso não

autorizado a computadores e redes.

3. **Lei nº 9.296/1996: Trata do crime de falsificação de documentos, que pode ser aplicado a documentos eletrônicos.**

4. **Leis de Crimes Cibernéticos: A Lei 12.737/2012, conhecida como Lei Carolina Dieckmann, tipifica crimes cibernéticos como invasão de dispositivos informáticos. A Lei 12.735/2012 também aborda crimes digitais e estabelece a criação de delegacias especializadas**

7.3 Existem alguma emenda tramitando no congresso sobre as leis

O projeto de lei PL 2338/2023- há uma emenda tramitando no Congresso Nacional sobre a regulamentação da inteligência artificial (IA) no Brasil. O projeto de lei PL 2338/2023 avançou recentemente para o Plenário do Senado e já acumula algumas emendas1. Este projeto estabelece limites para o uso da IA, prevê punições para práticas inadequadas e assegura direitos aos usuários, como proteção de dados e privacidade.

Tramites > andamento dessa lei no congresso O projeto de lei PL 2338/2023

- O projeto de lei PL 2338/2023, que dispõe sobre o uso da inteligência artificial (IA), está atualmente em tramitação na Comissão Temporária Interna sobre Inteligência Artificial no Brasil (CTIA). O relator do projeto é o senador Eduardo Gomes (PL-TO)1. A última atualização foi em 2 de dezembro de 2024, quando o projeto foi incluído na pauta da reunião da CTIA. A Comissão Temporária de **Inteligência Artificial** do Senado aprovou, nesta quinta-feira (5/12), o projeto de lei (PL) 2.338/2023. O texto regulamenta o uso de IA no Brasil. "Outras sanções previstas são advertência, proibição de tratar determinados dados, e suspensão parcial ou total, temporária ou permanente do desenvolvimento, fornecimento ou operação do sistema." ("Comissão chega a consenso e aprova regulamentação da Inteligência ...")

O texto prevê que a responsabilização civil por danos causados por sistemas de inteligência artificial estará sujeita às regras previstas no Código Civil (Lei 10.406, de 2002) ou no Código de Defesa do Consumidor (Lei 8.078, de 1990), conforme o caso. Caberá a inversão do ônus da prova quando for muito oneroso para a vítima comprovar o nexo de causalidade entre a ação humana e o dano causado pelo sistema.

Autoridade Nacional de Proteção de Dados O PL 2.338/2023 prevê que diversos órgãos deverão trabalhar em conjunto com o intuito de organizar, regular e fiscalizar o mercado da inteligência artificial. O projeto estabelece a Autoridade Nacional de Proteção de Dados (ANPD), criada pela Lei 13.853, de 2019, como a autoridade competente para impor sanções, aplicar multas, expedir normas sobre as formas e requisitos de certificação, os procedimentos da avaliação de impacto algorítmico e para a comunicação de graves incidentes. "Ela também se manifestará sobre processos normativos dos órgãos reguladores e exercerá competência normativa, regulatória e sancionatória quanto ao uso de IA para atividades econômicas que não tiverem órgão regulador específico." ("Comissão chega a consenso e aprova regulamentação da Inteligência ...") A ANPD também zelará pelos direitos fundamentais, estimulará a adoção de boas práticas, receberá denúncias e representará o Brasil em organismos internacionais da área.

Além disso, ANPD coordenará o Sistema Nacional de Regulação e Governança de Inteligência Artificial (SIA), que será criado e integrado por órgãos estatais de regulação setorial, entidades de autorregulação e de certificação, pelo Conselho de Cooperação Regulatória de Inteligência Artificial (Cria) e pelo Comitê de Especialistas e Cientistas de Inteligência Artificial (Cecia). ("Comissão chega a consenso e aprova regulamentação da Inteligência ...") **Entre as atribuições do SIA, estão a regulamentação dos sistemas de alto risco, o reforço das competências das autoridades setoriais e da ANPD, a harmonização da atuação dos órgãos reguladores e a realização de estudos periódicos, com o envio ao Congresso Nacional, a cada quatro anos, de parecer opinando sobre a necessidade de aprimoramentos na legislação sobre inteligência artificial. O Cria, que também será coordenado pela ANPD, será fórum permanente de comunicação com órgãos e entidades da administração pública responsáveis pela regulação de setores específicos a fim de harmonizar e facilitar o trabalho da autoridade competente. Sua composição será definida em regulamento.**

Já o Cecia será criado para orientar e supervisionar o desenvolvimento e aplicação da IA a partir de regras e critérios estabelecidas em regulamento. "As autoridades setoriais, que setores econômicos específicos, poderão estabelecer regras para o uso de inteligência artificial no âmbito de suas competências." ("Comissão chega a consenso e aprova regulamentação da Inteligência ...") "A elas caberá receber a avaliação de impacto algorítmico e detalhar as listas de sistemas de alto risco." ("Comissão chega a consenso e aprova regulamentação da Inteligência ...") "Em parceria com o Ministério do Trabalho, todas essas autoridades deverão produzir diretrizes para reduzir potenciais riscos nos trabalhadores, especialmente de perda de emprego e de oportunidade de carreira e potencializar os impactos positivos." ("Comissão chega a consenso e aprova regulamentação da Inteligência ...")

Poder público os sistemas de IA utilizados pelo poder público, além de implementar as medidas previstas para todos os demais sistemas, deverão registrar quem usou, em que situação e para qual finalidade. Deverão ser empregados, preferencialmente, sistemas interoperáveis, de modo a evitar a dependência tecnológica e propiciar a continuidade dos sistemas desenvolvidos ou contratados. ("Comissão chega a consenso e aprova regulamentação da Inteligência ...") Os cidadãos terão assegurados os direitos a explicação e a revisão humana das decisões que tiverem impacto jurídico relevante. No caso de uso de sistemas que façam identificação biométrica, deverá haver a garantia de proteção contra discriminação direta, indireta, ilegal ou abusiva. ("Comissão chega a consenso e aprova regulamentação da Inteligência ...") No caso de a avaliação de impacto algorítmico de um sistema usado pelo poder público identificar riscos que não possam ser eliminados ou mitigados, o uso deverá ser interrompido. O governo também deverá zelar pela proteção dos trabalhadores afetados pelos sistemas de IA buscando adaptá-los e requalificá-los e promover o letramento digital da população a fim de que os cidadãos façam o melhor uso da inteligência artificial.

"O poder público deverá incentivar a inovação em inteligência artificial, procurando contratar soluções inovadoras que promovam a cultura nacional e a língua portuguesa e definindo critérios distintos para sistemas ofertados por micro e pequenas empresas e startups nacionais." ("Comissão chega a consenso e aprova regulamentação da Inteligência ...")

Direitos dos afetados O projeto assegura uma série de direitos para as pessoas que forem afetadas pelos sistemas de inteligência artificial: Direito à informação prévia de que está interagindo com sistemas de IA; Direito a privacidade e proteção de dados pessoais; Direito à não discriminação ilícita e à correção de vieses discriminatórios diretos, indiretos, ilegais ou abusivos; Uso de linguagem simples e clara quando destinados a criança e adolescentes, idosos ou pessoas com deficiência. As pessoas afetadas por sistemas de alto risco terão, adicionalmente, os seguintes direitos: Direito à explicação sobre a decisão tomada pelo sistema de inteligência artificial; Direito à contestação das decisões; ("Senado aprova regulamentação da inteligência artificial; texto vai à Câmara")

Direito a revisão humana das decisões, considerando o contexto e o risco associado. A supervisão humana terá como objetivo prevenir e minimizar os riscos para os direitos e liberdades das pessoas. Para isso, os supervisores devem poder intervir no sistema. ("Entenda os principais pontos sobre a regulamentação da inteligência ...") "Quando essa supervisão for comprovadamente impossível ou exigir esforço desproporcional, ela não será exigida, mas os agentes deverão implementar medidas alternativas eficazes." ("Comissão chega a consenso e aprova regulamentação da Inteligência ...") Boas práticas

Os desenvolvedores e fornecedores de sistemas poderão adotar códigos de conduta para assegurar o cumprimento dos dispositivos da lei. "A adesão a esses códigos será considerada indicativo de boa-fé por parte do agente nos casos em que for aplicada sanção administrativa." ("Comissão chega a consenso e aprova regulamentação da Inteligência ...") A autoridade competente poderá credenciar associações de agentes e especialistas em governança de IA para que concedam certificação da adoção de boas práticas de governança.

Os agentes também poderão criar entidades de autorregulação. Vigência A maioria dos dispositivos do projeto entrará em vigor 730 dias (ou seja, dois anos) depois da publicação da lei. No entanto, as regras sobre sistemas generativos e de uso geral, sobre as aplicações proibidas de sistemas de IA e sobre os direitos de autor entrarão em vigor 180 dias após a publicação da lei. "Já a organização e atribuições dos órgãos reguladores do mercado de IA, com exceção das sanções aplicáveis, terão vigência imediata." ("Comissão chega a consenso e aprova regulamentação da Inteligência ...")

"O mesmo vale para as medidas de incentivo à sustentabilidade e às pequenas empresas." ("Senado aprova regulamentação da inteligência artificial; texto vai à ...") Estão fora da regulamentação os sistemas usados por pessoas físicas com finalidade exclusivamente particular, os que forem voltados à defesa nacional, os que forem voltados ao desenvolvimento e testagem de aplicações de IA e ainda não tiverem sido disponibilizados no mercado e os que se limitarem a prover infraestrutura para os dados de outros sistemas de inteligência artificial. Com a aprovação do PL 2.338/2023, ficam considerados prejudicados os seguintes projetos de lei: PL 21/2020, PL 5.051/2019, PL 5.691/2019, PL 872/2021, PL 3.592/2023, PL 210/2024 e PL 266/2024. Fonte: Agência Senado

1.O projeto de lei PL 2338/2023, que regulamenta o uso da inteligência artificial (IA) no Brasil, está avançando no Congresso. A Comissão Temporária de Inteligência Artificial do Senado aprovou o projeto nesta quinta-feira, 5 de dezembro de 2024. "O próximo passo é a votação no Plenário do Senado." ("Isenção do IPVA 2022; veja motos que não pagarão o imposto") Se aprovado, o projeto seguirá para a Câmara dos Deputados para análise e votação.

2. projeto de lei (PL 537/24)- há um projeto de lei (PL 537/24) que prevê medidas para fortalecer a investigação de crimes cibernéticos, incluindo a prevenção, investigação e repressão a esses crimes. Este projeto está em análise na Câmara dos Deputados.

Próximos passos

"O PL 537/24 será analisado, em caráter conclusivo, nas comissões de Segurança Pública e Combate ao Crime Organizado; de Finanças e Tributação; e de Constituição e Justiça e de Cidadania." ("Projeto prevê medidas para fortalecer investigação de crimes ...")

Fonte: Agência Câmara

7.4 Contratos e inteligência artificial: informação e compreensão sobre a contratação no PL 2338/23

A contratação pela internet, apesar de comum, ainda gera dúvidas devido às complexidades e riscos das transações eletrônicas. A Lei dos Cartórios (lei 14.382/2022) facilitou atos públicos por meio eletrônico e a assinatura digital, impulsionando os negócios pela rede mundial de computadores.

O Projeto de Lei 2.338/2023, proposto pelo Senador Rodrigo Pacheco, visa estabelecer normas para o desenvolvimento e uso de sistemas de Inteligência Artificial no Brasil. O objetivo é proteger direitos fundamentais e garantir sistemas seguros e confiáveis. ("Regulamentação da Inteligência Artificial - Bento Muniz Advocacia") O PL é baseado em uma minuta elaborada por uma Comissão de Juristas notáveis, liderada pelo ministro Ricardo Villas Bôas Cueva e a professora Laura Schertel Mendes.

Artigos 7º e 8º do PL 2.338/2023

Os artigos 7º e 8º do PL tratam dos direitos à informação e compreensão das decisões tomadas por IA. Destacam-se a necessidade de informar claramente o contratante sobre:

- O caráter automatizado das interações e decisões.
- Uma descrição geral do sistema, tipos de decisões, recomendações

ou previsões e suas consequências para a pessoa.

Direitos dos Contratantes

O projeto assegura que o contratante deve receber, previamente à contratação ou à utilização de sistemas, informações claras e adequadas quanto a: ("Contratos e inteligência artificial: informação sobre o PL 2338/23 ...")

1. Caráter automatizado da interação e da decisão.
2. Descrição geral do sistema e suas consequências.
3. Identificação dos operadores do sistema e medidas de governança.
4. Papel do sistema de IA e dos humanos envolvidos.
5. Categorias de dados pessoais utilizados.
6. Medidas de segurança, não-discriminação e confiabilidade.
7. Outras informações definidas em regulamento.

Importância da Transparência

A transparência é um princípio fundamental do PL, garantindo que as pessoas compreendam com quem estão lidando e o poder que a máquina alcança na relação interpessoal em desenvolvimento.

"O interesse existe porque é voz corrente a dificuldade que o leigo tem de conhecer e entender como a Inteligência Artificial toma decisões e/ou adota determinado comportamento nas relações entre o humano e a máquina." ("Contratos e inteligência artificial: informação sobre o PL 2338/23 ...") Dessa realidade, surge o direito de o contratante receber, previamente à contratação ou à utilização de sistemas, informações claras e adequadas quanto a sete situações, descritas nos incisos do aludido artigo da futura Lei. São eles:

I - Caráter automatizado da interação e da decisão em processos ou produtos que afetem a pessoa;

"II - Descrição geral do sistema, tipos de decisões, recomendações ou previsões que se destina a fazer e consequências de sua utilização para a pessoa;" ("Contratos e inteligência artificial: informação sobre o PL 2338/23 ...")

"III - identificação dos operadores do sistema de inteligência artificial e medidas de governança adotadas no desenvolvimento e emprego do sistema pela organização;" ("Contratos e inteligência artificial: informação sobre o PL

2338/23 ...")

IV - Papel do sistema de inteligência artificial e dos humanos envolvidos no processo de tomada de decisão, previsão ou recomendação;

"V - Categorias de dados pessoais utilizados no contexto do funcionamento do sistema de inteligência artificial;" ("Contratos e inteligência artificial: informação sobre o PL 2338/23 ...")

"VI - Medidas de segurança, de não-discriminação e de confiabilidade adotadas, incluindo acurácia, precisão e cobertura; e" ("Projeto de Lei - Portal da Câmara dos Deputados")

VII - outras informações definidas em regulamento.

O § 1º ainda determina que, para além do fornecimento de informações de maneira completa em meio físico ou digital aberto ao público, quando a informação a ser obtida for a pertinente ao inc. I, ou seja, sobre o caráter automatizado da interação da decisão em processos ou produtos que afetem a pessoa, deverá ser fornecida, quando possível, "com o uso de ícones ou símbolos facilmente reconhecíveis".

"Em outras palavras, o que se pretende é que a pessoa tenha condições de compreender sobre com quem está lidando e qual o poder que a máquina alcança na relação "interpessoal" em desenvolvimento." ("Contratos e inteligência artificial: informação sobre o PL 2338/23 ...") Mais informações sobre o assunto acesse o link: Contratos e inteligência artificial: informação sobre o PL 2338/23 - Migalhas

7.5 Passo a Passo para Implementação de IA na Empresa

Criar um passo a passo para a empresa estar apta a usar a inteligência artificial (IA) no Brasil, considerando as leis que regulamentam a IA e os crimes cibernéticos.

1. Entendimento das Leis e Regulamentações:

Regulamentação da IA: O Senado aprovou a regulamentação da IA no Brasil, que define tecnologias de alto risco e de risco excessivo. Tecnologias de alto risco, como sistemas de recrutamento e veículos autônomos, exigem uma regulamentação reforçada. Tecnologias de risco excessivo, como sistemas de armas autônomas, são proibidas.

1.2. Avaliação de Necessidades e Riscos:

Identificação de Necessidades: Avalie quais processos da empresa podem ser otimizados com a IA, como automação de tarefas repetitivas, análise de dados e detecção de fraudes.

Análise de Riscos: Identifique os riscos associados ao uso de IA, como segurança de dados e conformidade com as regulamentações.

1.3. Escolha de Ferramentas de IA:

Ferramentas Permitidas: Escolha ferramentas de IA que não sejam classificadas como de risco excessivo. Ferramentas como IBM Watson para análise preditiva e detecção de fraudes são permitidas e podem ser integradas aos processos da empresa.

Licenças e Autorizações: Verifique se as ferramentas de IA escolhidas exigem licenças ou autorizações específicas. Algumas tecnologias de alto risco podem exigir testes de segurança e medidas para mitigar vieses discriminatórios.

1.4 Treinamento da Equipe:

Capacitação: Organize treinamentos para capacitar a equipe a utilizar as ferramentas de IA de forma eficaz e segura.

Conscientização: Promova a conscientização sobre as leis de crimes cibernéticos e a importância da segurança de dados.

Implementação e Monitoramento:

Integração: Integre as ferramentas de IA aos processos existentes da empresa, garantindo que estejam em conformidade com as regulamentações.

Monitoramento Contínuo: Acompanhe os resultados e ajuste as estratégias conforme necessário. Realize auditorias internas para garantir a conformidade com as leis e regulamentações.

1.5 Revisão e Atualização:

Revisão Periódica: Revise periodicamente as políticas e práticas de uso de IA para garantir que estejam atualizadas com as mudanças nas leis e regulamentações.

Atualização de Ferramentas: Mantenha as ferramentas de IA atualizadas para garantir a segurança e a eficiência.

Implementar IA na empresa pode trazer muitos benefícios, mas é crucial seguir as regulamentações e garantir a segurança dos dados.

Fontes : Senado federal e Ministério da Justiça e Segurança Pública

CAPÍTULO 8: CIBERSEGURANÇA PARA EMPRESAS E PARA USUÁRIOS COMUNS

há diferenças significativas entre as estratégias de cibersegurança para empresas e para usuários comuns. **Vamos explorar essas diferenças:**

8.1 Nas Empresas

Políticas de Segurança: Empresas devem implementar políticas de segurança abrangentes que incluem diretrizes para o uso de dispositivos, acesso a dados e comportamento online dos funcionários.

Treinamento e Conscientização: Treinamentos regulares para funcionários sobre práticas de segurança, como reconhecer e-mails de phishing e usar senhas fortes.

Soluções de Segurança Avançadas: Utilização de firewalls, sistemas de detecção e prevenção de intrusões (IDS/IPS), e software de segurança de endpoint.

Backup e Recuperação de Dados: Implementação de estratégias robustas de backup e recuperação de dados para garantir a continuidade dos negócios em caso de ataque. ("Como a Cibersegurança Influencia o Risco Operacional e a Continuidade ...")

Monitoramento Contínuo: Monitoramento contínuo de redes e sistemas para detectar atividades suspeitas e responder rapidamente a incidentes. ("Monitoramento 24×7: A Importância e Benefícios")

Compliance e Regulamentações: Adesão a regulamentações e padrões de segurança, como GDPR, LGPD, e ISO 27001.

8.2 Usuários Comuns

Senhas Fortes e Autenticação de Dois Fatores: Uso de senhas fortes e únicas para cada conta e habilitação da autenticação de dois fatores (2FA) sempre que possível.

Atualizações de Software: Manter sistemas operacionais, aplicativos e antivírus sempre atualizados para proteger contra vulnerabilidades conhecidas.

Cuidado com Phishing: Ser cauteloso com e-mails e mensagens suspeitas que solicitam informações pessoais ou financeiras.

Uso de Antivírus e Antimalware: Instalar e manter atualizado software antivírus e antimalware para proteger contra ameaças.

Backup de Dados: Realizar backups regulares de dados importantes para evitar perda de informações em caso de ataque.

Redes Seguras: Evitar o uso de redes Wi-Fi públicas para transações sensíveis e utilizar VPNs para aumentar a segurança. ("O que é: Ataque Man-in-the-Middle (MitM) - Forense")

Recursos Adicionais

8.3 Empresas: Podem utilizar ferramentas como Microsoft Defender for Endpoint, Cisco Umbrella, e Splunk para monitoramento e proteção avançada.

Usuários Comuns: Podem se beneficiar de ferramentas como LastPass para gerenciamento de senhas, Malwarebytes para proteção contra malware, e VPNs como NordVPN para navegação segura.

Microsoft Defender , Cisco Umbrella , Splunk , LastPass , Malwarebytes , NordVPN

Essas estratégias mitigam riscos e protegem empresas e usuários contra ameaças cibernéticas. Com o auxílio do Copilot da Microsoft, você pode obter mais informações acessando o link. da Web https://www.microsoft.com/en-us/microsoft-365/copilot

CAPÍTULO 9: TRILHA DE ESTUDOS E DE CONHECIMENTO AQUI VOCÊ VAI ENCONTRAR INFORMAÇÕES VALIOSAS PARA SE PROTEGER:

☐ **Livros recomendados para iniciar**

- "Análise de Tráfego em Redes TCP/IP: Utilize Tcpdump na Análise de Tráfegos em Qualquer Sistema Operacional" ("Análise de Tráfego em Redes TCP/IP: Utilize Tcpdump na Análise de ...")
- Testes de Invasão: uma Introdução Prática ao Hacking
- "Técnicas de Invasão: Aprenda as técnicas usadas por hackers em invasões reais" ("Técnicas de Invasão: Aprenda as técnicas usadas por hackers em invasões ...")
- Black Hat Python: Programação Python Para Hackers e Pentesters

☐ **Livros para pesquisa e entendimento**

- Redes de Computadores
- "Perícia forense digital: Guia prático com uso do sistema operacional Windows" ("Perícia Forense Digital: Guia prático com uso do sistema operacional ...")
- Programação Shell Linux: Referência Definitiva da Linguagem Shell

☐ **Livros de cybersecurity em inglês**

- Linux Basics for Hackers: Getting Started with Networking, Scripting, and Security in Kali

Laboratórios Virtuais sobre cibersegurança

"Laboratórios Virtuais: São ambientes controlados onde se pode praticar e testar habilidades de cibersegurança." ("github.com-danieldonda-Cybersecurity101_-_2023-10-19_14-58-43")

- PentesterLab
- VulnHub
- Hack The Box

Desafios CTF (Capture The Flag)

- picoCTF
- Hack The Box
- OverTheWire
- Root Me
- CTFtime
- DEF CON CTF
- Google CTF
- CSAW CTF
- RingZer0 CTF
- Hacker101 CTF

Recursos Online e Comunidades

- **Cybrary**: Plataforma de aprendizado online com cursos gratuitos e pagos sobre cibersegurança.
- **Udemy**: Oferece uma variedade de cursos sobre cibersegurança, hacking ético e mais.
- **Coursera**: Cursos de cibersegurança oferecidos por universidades renomadas.

- **Reddit**: Subreddits como r/netsec e r/hacking são ótimos para discutir e aprender sobre cibersegurança.
- **Discord**: Servidores de cibersegurança onde você pode interagir com outros entusiastas e profissionais.

Certificações Recomendadas

- **CompTIA Security+**
- **Certified Ethical Hacker (CEH)**
- **Certified Information Systems Security Professional (CISSP)**
- **Offensive Security Certified Professional (OSCP)**
- **GIAC Security Essentials (GSEC)**

CONCLUSÃO

O uso da IA na contabilidade oferece inúmeras vantagens, desde a automação de tarefas repetitivas até a melhoria da precisão nas análises financeiras. No entanto, é fundamental seguir práticas éticas e seguras para garantir que a implementação da IA seja benéfica e conforme com as regulamentações vigentes. Seguindo as diretrizes apresentadas neste livro eletrônico, você estará preparado para aproveitar ao máximo o potencial da IA na contabilidade, de forma responsável e eficiente.

Diante desses desafios impostos pelos crimes cibernéticos e pelo avanço tecnológico, é essencial que empresas adotem medidas robustas de segurança da informação. Implementar tecnologias como a inteligência artificial (IA) pode ser uma maneira eficaz de detectar e prevenir ataques antes que causem danos irreparáveis. Além disso, a conscientização e a educação contínua dos funcionários sobre práticas seguras são fundamentais para criar um ambiente protegido contra ameaças cibernéticas.

A IA estar transformando os setores da contabilidade, do financeiro e das auditorias internas , com isso a contabilidade torna se mais consultiva, estamos a passos largos e entrando em uma nova era trazendo novas alternativas, desafios, e muito questionamento e dúvidas, da importância da Ia inteligência artificial nos processos , como tudo evolui rapidamente vieram as inseguranças, quão estamos preparados? Como se proteger dos riscos e crimes cibernéticos? Este livrodemonstra que a transformação com o uso de inteligência artificial é viável, desde que a segurança seja priorizada. Utilizando o copilot da Microsoft, conduzimos uma pesquisa digital imediata e desenvolvemos orientações valiosas. Proteja seus dados, mantenha-se informado, capacite sua equipe e esteja preparado para os desafios digitais.

REFERÊNCIAS

- **Livros recomendados**

    - "Análise de Tráfego em Redes TCP/IP: Utilize Tcpdump na Análise de Tráfegos em Qualquer Sistema Operacional" ("Análise de Tráfego em Redes TCP/IP: Utilize Tcpdump na Análise de ...")

    - Testes de Invasão: uma Introdução Prática ao Hacking

    - "Técnicas de Invasão: Aprenda as técnicas usadas por hackers em invasões reais" ("Técnicas de Invasão: Aprenda as técnicas usadas por hackers em invasões ...")

    - Black Hat Python: Programação Python Para Hackers e Pentesters

- **Livros para pesquisa e entendimento**

    - Redes de Computadores

    - """"""""""Perícia forense digital: Guia prático com uso do sistema operacional Windows"""""""""" ("Perícia Forense Digital: Guia prático com uso do sistema operacional ...") ("Perícia Forense Digital: Guia prático com uso do sistema operacional ...") ("Perícia Forense Digital: Guia prático com uso do sistema operacional ...") ("Perícia Forense Digital: Guia prático com uso do sistema operacional ...") ("Perícia Forense Digital: Guia prático com uso do sistema operacional ...") ("Perícia Forense Digital: Guia prático com uso do sistema operacional ...") ("Perícia Forense Digital: Guia prático com uso do sistema operacional ...") ("Perícia Forense Digital: Guia prático com uso do sistema operacional ...") ("Perícia Forense Digital: Guia prático com uso do sistema operacional ...")

    - Programação Shell Linux: Referência Definitiva da Linguagem Shell

    - "Governança de Dados: Teoria e Prática" por Pedro Almeida (2017)
    - Crimes cibernéticos: novas ações para combatê-los — mpsc.mp.br
    - www.ibm.com/br-pt/topics/cyber-risk-management
    - iiabrasil.org.br//cursos

- Gestão de Riscos Cibernéticos | FGV Educação Executiva
- **Thomas J. Parenty e Jack J. Doment**: Fundadores da empresa de cibersegurança Archefact Group, publicaram artigos na Harvard Business Review sobre a importância de identificar as fragilidades das principais atividades da empresa
- **João Emílio de Almeida** - Autor de um artigo sobre cibersegurança, desde a prevenção do risco até a gestão de incidentes.
- **Rayan Amir** - Autor do livro "Gestão de Riscos e Riscos Cibernéticos Volume II
- https://aimojo.io/pt/best-ai-tools-accounting/
- "GitHub - danieldonda/Cybersecurity101: Um guia abrangente para iniciantes na área de cibersegurança." ("Publicação de Daniel Donda - LinkedIn")
- The **"Livro Verde: Segurança Cibernética no Brasil"** is a comprehensive publication organized by **Raphael Mandarino Junior** and **Claudia Canongia**, and published by the **Gabinete de Segurança Institucional** in 2010.
- **Biblioteca de Segurança**: Link to PDF
- **Portal do Livro Aberto em CT&I**: Link to PDF

Livros de cybersecurity em inglês

- Linux Basics for Hackers: Getting Started with Networking, Scripting, and Security in Kali

Sites e Blogs Recomendados:

- "Daniel Donda Site onde eu compartilho artigos e recursos de cibersegurança." ("Um guia abrangente para iniciantes na área de cibersegurança.")
- Garoa Hacker Clube: Coletivo hacker paulistano com eventos e workshops frequentes.
- SegInfo Blog com notícias, artigos e informações sobre segurança da informação.
- Segurança Legal Blog focado em cibersegurança e aspectos legais da tecnologia. -Mind The Sec Conferência de segurança da informação que também conta com um blog com notícias e análises.
- https://www.serpapericiacontabileaudit.com.br/legislacao página de contabilidade consultiva
- https://www12.senado.leg.br/
- https://www.congressonacional.leg.br/

- https://www.migalhas.com.br/coluna/migalhas-contratuais/396365/contratos-e-inteligencia-artificial-informacao-sobre-o-pl-2338-23
- https://bibliotecadopregador.com.br/
- cfcontabilidade.com.br
- www.contabeis.com.br
- blog.alterdata.com.br

Em inglês:
- Krebs on Security
- The Hacker News
- Dark Reading
- Threatpost
- Infosecurity Magazine
- ZDNet Security
- CyberScoop
- SecurityWeek
- SC Magazine
- Wired - Security Section

AGRADECIMENTOS

A elaboração deste livro contou com a colaboração de especialistas da área de contabilidade e tecnologia, que compartilharam suas valiosas percepções sobre a aplicação da IA no setor contábil, financeiro e nas auditorias internas. Agradecemos aos nossos revisores técnicos e a todos que contribuíram para a sua realização, em especial a Microsoft que deu todo o suporte, e apoio total de minha irmã gêmea Ivete Serpa Caraffini, minha eterna gratidão.

30 E dizia: A que assemelharemos o reino de Deus? ou com que parábola o representaremos? ("A parábola do grão de mostarda - E - Bible Gateway") 31

É como um **grão de mostarda**, que, quando se semeia na terra, é a menor de todas as sementes que há na terra; ^{32} Mas, tendo sido semeado, cresce; e faz-se a maior de todas as hortaliças, e cria grandes ramos, de tal maneira que as aves do céu podem aninhar-se debaixo da sua sombra. ^{33} E com muitas parábolas tais lhes dirigia a palavra, segundo o que podiam compreender. ^{34} E sem parábolas nunca lhes falava; porém, tudo declarava em particular aos seus discípulos. ("Marcos 4:33-35 - Bíblia Online - ACF")

Marcos 4:30-34

Na parábola do grão de mostarda em particular, Jesus se volta para o mundo da botânica e utiliza a figura de uma pequena semente, o grão de mostarda, para ilustrar um Reino grandioso, o Reino dos céus. Nessa comparação, Jesus fala sobre o desenvolvimento, crescimento e expansão desse Reino.

"Assim, o "grão de mostarda", mesmo sendo pequeno e insignificante, possui uma força interior que lhe permite se desenvolver, crescer e transformar-se em uma grande árvore." ("Parábola do Grão de Mostarda: Significado, Explicação e 5 Lições")

Ivànete Vieira Sèrpa

"Acreditar em você já é o começo". "comece devagar, mas comece". , "não estou no mundo a passeio" "tempo de quem age (Insìs 2024)"

Autora: Ivanete Vieira Serpa

Contadora Consultiva CRC MT 005950 desde 1995

Formação em Ciências Contábeis

Pós-graduação: Especialista em Auditoria, Controladoria, Gerência Contábil, Agronegócio e Gestão Empresarial.

Atuando em:

- Consultoria no Agronegócio
- Perícia Contábil
- Defesas Administrativas
- Auditoria Digital Tributária
- Assessoria Empresarial e Agronegócios

https://www.serpapericiacontabileaudit.com.br/servicos